A MORAL
CRISTÃ

E A MORAL
ESPÍRITA

Distribuição

Caixa Postal 1820 – CEP 13360-000 – Capivari-SP
Telefones: (19) 3491-7000 | 3491-5449
Vivo (19) 9 9983-2575 | Claro (19) 9 9317-2800
vendas@editoraeme.com.br – www.editoraeme.com.br

Solicite nosso catálogo completo, com mais de 400 títulos, onde você encontra as melhores opções de literatura infantojuvenil, contos, obras biográficas e de autoajuda, mensagens, romances palpitantes, cursos e estudos esclarecedores, bem como obras relacionadas à dependência química, com relatos pessoais e textos sobre tratamento e prevenção ao uso de drogas.

Caso não encontre os nossos livros na livraria de sua preferência, solicite o endereço de nosso distribuidor mais próximo de você.

JOSÉ CARLOS LEAL

Capivari-SP | 2020

© 2007 José Carlos Leal

Os direitos autorais desta obra foram cedidos pelo autor para a Editora EME, o que propicia a venda dos livros com preços mais acessíveis e a manutenção de campanhas com preços especiais a Clubes do Livro de todo o Brasil.

A Editora EME mantém o Centro Espírita "Mensagem de Esperança" e patrocina, junto com outras empresas, instituições de atendimento social de Capivari-SP.

1ª reimpressão - novembro/2020 - de 1.001 a 2.500 exemplares

CAPA | Editora EME
DIAGRAMAÇÃO | vbenatti
REVISÃO | Editora EME

Ficha catalográfica

Leal, José Carlos, 1940
A moral cristã e a moral espírita / José Carlos Leal - 1ª reimp. nov. 2020 - Capivari-SP: Editora EME.
160 p.

1ª edição : set. 2007
ISBN 978-85-7353-361-7

1. Estudo sobre a moral cristã e espírita.
2. Espiritismo - Estudo do Sermão do Monte
I. TÍTULO.

CDD 133.9

Sumário

A moral do Cristo

(Um estudo do Sermão do Monte)

RESOLVEMOS TRAÇAR ALGUMAS considerações sobre o Sermão do Monte porque, de nosso modo de ver, esta parte dos Evangelhos é uma espécie de resumo da moral do Cristo e o seu conteúdo, se bem lido e compreendido, pode nos dar umas ideias das linhas gerais daquilo que Jesus considera como fundamental para se ganhar o reino de Deus.

Este sermão, que estamos chamando de Estatuto do Reino ou Carta Magna do cristianismo, encontra-se no Evangelho de Mateus, capítulo V:1 a 48; VI:1-34 e VII:1-28 e no Evangelho de Lucas VI:20-47. Escolhemos para o objeto de nosso estudo o texto de Mateus, mas poderemos trazer o de Lucas, se for necessário, como comparação. Segundo Manuel de Tuya, professor de exegese neo-testamentária, na Pontifícia Faculdade Teológica do Convento de San Sebastian, o texto de Mateus possui a seguinte estrutura doutrinária:

Capítulo V do Evangelho de Mateus

Introdução e cenário (v:1-2)

As bem-aventuranças. (v:3-12)

O ofício dos discípulos (v:13-16)

Jesus e a Antiga Lei (v:17-20)
Valorização do quinto mandamento (v:21-26)
Valorização do sexto mandamento (v:27-30)
Condenação do divórcio (v:31-32)
Valorização do segundo mandamento (v:33-37)
A pena de talião perante a moral cristã (v:38-42)
O amor aos inimigos (v:43-48).

Capítulo VI
Doutrina geral da retidão (1)
Modo cristão de praticar a esmola (2-4).
Modo cristão de orar: o Pai Nosso (5-15)
Modo cristão de jejuar (16-18)
A atitude cristã ante as coisas materiais (19-24)
Confiança na Providência (25-34)

Capítulo VII
A questão do julgamento (1-5)
Profanação de coisas santas (6)
Eficácia da oração (7-11)
A regra de ouro (12)
Os dois caminhos (13-14)
Os falsos profetas (15-20)
Os verdadeiros discípulos (21-27)
A reação da multidão ante as palavras de Jesus (28-29)

No final do capítulo IV, Mateus nos diz que Jesus percorria a Galileia, ensinando nas sinagogas, pregando o Evangelho do Reino e curando o povo das enfermidades. Estendendo a sua fama por toda a Síria, traziam-lhe os que padeciam de algum mal, as vítimas de diferentes enfermidades e dores e ainda: os endemoninhados, os fanáticos, os paralíticos e ele os curava. Grandes multidões o seguiam, vindas da Galileia, Decápole, Jerusalém, Judeia e do outro lado do Jordão.

Depois de apresentar o Mestre como um líder de massa em Cafarnaum, Mateus diz que Jesus, vendo a multidão, subiu a um monte e nele tomou assento na forma costumeira dos mestres em Jerusalém. Este estar sentado parece indicar que Jesus não fez o sermão, pelo menos em sua primeira parte, para a multidão, mas para um grupo restrito de discípulos, já que falar para um grande número de pessoas, estando o orador sentado, não seria coisa fácil. É muito provável, porém, que uma outra parte deste sermão tenha sido feita a um maior número de pessoas. Lucas ao falar do introito deste sermão diz que Jesus desceu do monte e não subiu. Esta aparente contradição se deve ao enfoque de cada um dos evangelistas e ao modo de colocar os eventos narrados para o que eles tinham grande liberdade. Lucas situa o fato à noite, na montanha e, logo depois de fazer a eleição dos apóstolos, desce para pregar à multidão. Mateus, por seu turno, faz com que Jesus, vindo de Cafarnaum e seguido de um grande número de pessoas, suba o monte para ter um colóquio com os apóstolos. Possivelmente, depois desta conversa, ele tenha descido do monte para, na planície, discursar para a multidão.

Quanto ao lugar onde se deu o sermão, nada sabemos. O que, porém, se pode depreender dos próprios relatos evangélicos, é que o lugar deveria ficar nas proximidades de Cafarnaum. Traduções do século IV d.C, situa o local da fala de Jesus na ladeira das colinas junto a Thabgha, uma elevação com cerca de 250 metros de altura, com uma superfície aproximada de um quilômetro e que ficava a três quilômetros de Cafarnaum.

As bem-aventuranças

CHAMAM-SE BEM-AVENTURANÇAS UM total de nove frases que começam com uma afirmação que equivale a uma promessa para um certo tipo ou classe de pessoa e termina com uma oração causal que explica o que acontecerá àquele que realizar o conteúdo da primeira afirmação. Tomemos, como exemplo, a sexta delas:

Bem-aventurados os que têm fome e sede de justiça/ porque eles serão fartos; ou seja: eu prometo a todo aquele que tem fome e sede de justiça que ele será saciado. Estudemos, com um pouco mais de detalhes, cada uma dessas bem-aventuranças.

Antes, porém, de fazer o estudo a que estamos nos propondo, seria interessante conhecer um texto de André Chouraqui, um erudito argelino que, há pouco, fez uma tradução da Bíblia do hebraico para o francês. Este texto se encontra em um comentário ao do Sermão do Monte na versão de Mateus.

Diz Chouraqui que não foi feliz a tradução da palavra hebraica **ashréi** pelo grego **makarioi** como fizeram os Setenta, na versão da Bíblia do hebraico para o grego. Jesus não teria dito a palavra **makarioi**, porém, a palavra **ashréi** que aparece na abertura dos salmos 1 e 119. Tem-se a impressão de que a palavra grega **makarioi** foi uma imposição dos judeus helenistas que acreditavam ser a filosofia grega a única que poderia oferecer ao homem um ideal hedonístico de felicidade. Vamos diretamente ao texto de Chouraqui:

A bem-aventurança, acentua Chouraqui, é o resultado da marcha reta na direção da luz, da retidão do comportamento do homem. O que está de acordo com a doutrina dos espíritos que coloca a bem-aventurança como uma característica dos mundos ditosos para os quais marchamos todos nós. Assim, melhor seria dizer-se marchem sem desvio os humildes e os simples porque eles alcançarão o Reino de Deus. Podemos, em seguida, estudar a primeira bem-aventurança.

Bem-aventurados os pobres de espírito porque deles é o reino dos céus

ESTA É UMA passagem que tem suscitado diversos comentários, várias interpretações e mesmo alguma polêmica. Muitos adversários do Evangelho buscaram interpretar a expressão "pobre de espírito" como falta de inteligência, espírito apoucado ou mesmo debilidade mental. Esta interpretação é inteiramente arbitrária e não se aplicaria ao caso.

A expressão "pobre de espírito" se diz, em hebraico **Ani e Aniy - yim**, palavras que se encontram na legislação mosaica aplicada aos que não possuem terra[1] ou seja, a gente pobre que nada possui de material. Na Versão dos 70 (A Septuaginta), a palavra usada é **ptokoi** e na Vulgata, usou-se a palavra **pauperis**, ambas as palavras possuem o sentido de pobreza material.

Ainda na versão dos 70, a palavra **ptokoi**, pobre, possui o sentido de humilde ou de simples. Talvez seja por isso que o profeta Amós fala deles com respeito e solicitude quando adverte os poderosos que exploram esta pobre gente:

> Ouvi isto vós que esmagais os indigentes e quereis eliminar os pobres da terra.[2]

1 Êxodo XXII:24. Levítico XIX:10 e XXIII:22.

2 Amós VIII:4.

O profeta Isaías faz uma crítica semelhante aos poderosos:

> Fostes vós que pusestes fogo à vinha
> O despojo tirado aos pobres está em vossa casa
> Que direito tens de esmagar meu povo
> E moer a face dos pobres?[3]

A segunda expressão que merece de nós algumas observações é a locução adjetiva "de espírito" que deixa claro que Jesus não está falando de pobreza econômica, mas de uma outra forma de pobreza. A palavra grega usada para espírito, no texto é **pneuma**, ar, vento, sopro e não **psiké**, alma e nem **nous**, mente. Assim fica evidente que Jesus está falando do espírito, do princípio inteligente do Universo, afastando-se assim a noção de intelectualidade pura e simples. Desse ponto de vista, a melhor tradução para pobres de espírito seria: os humildes, os simples.

Voltando à explicação de Chouraqui, desejamos lembrar que Jesus não poderia chamar de felizes aqueles que eram humilhados e ofendidos, os trabalhadores das galés, as mulheres violentadas nos bordéis, os homens de mãos calosas obrigados a sustentar a riqueza de seus senhores. Não, o que ele aconselha é que esses marchem em linha reta, com firmeza, com fé e confiança em Deus, pois, desse modo, chegarão ao reino de Deus.

O que foi visto até aqui nos autoriza a perguntar: Jesus teria excluído os ricos do Reino de Deus? Não nos parece. O que Jesus diz claramente é que os ricos possuem maiores dificuldades do que os pobres para crescer espiritualmente. Vejamos uma passagem em que isto fica claro:

---

3 Isaías III:14-15.

Aí alguém se aproximou dele e disse:

- Mestre, que farei de bom para alcançar a vida eterna?

- Por que me perguntas sobre o que é bom? O Bom é um só. Mas, se queres entrar na vida, guarda os mandamentos.

- Quais?

- Não mates; não adulteres; não roubes; não levantes falsos testemunhos; honra pai e mãe e ames teu próximo como a ti mesmo.

- Tudo isso tenho guardado. O que me falta ainda?

- Queres ser perfeito, vai, vende e dá aos pobres e terás um tesouro nos céus. Depois, vem e segue-me.[4]

O moço, ouvindo essas palavras, saiu pesaroso porque era possuidor de muitos bens. Depois que o rapaz se afastou, Jesus, conversando com seus discípulos diz-lhes ser muito difícil a um rico entrar no Reino de Deus e então faz a sua famosa frase hiperbólica: *É mais fácil um camelo passar pelo fundo de uma agulha do que um rico entrar no Reino de Deus.*

Lendo-se a passagem de Mateus, nota-se que a palavra chave desta passagem é **apego**. O rapaz não é apenas rico, mas apegado às riquezas. Quando uma pessoa é demasiadamente apegada aos bens materiais pode passar de possuidor a possuído. E, quando isso acontece, o prejuízo espiritual é muito grande. Repare que o jovem perdeu uma grande chance de seguir Jesus porque não poderia se desfazer dos tesouros da Terra mesmo em troca dos tesouros do céu. Tão grande pode ser o apego às coisas do mundo

4 Mateus XIX:23-26. A mesma passagem se encontra em Lucas XVIII: 18-23.

que, mesmo depois de desencarnado, o espírito continua preso aos bens que acumulou.

Uma segunda dificuldade dos que têm poder de compra se dá quando eles passam a crer que ter é mais importante do que ser e passam a acumular coisas como automóveis, televisores, CDs, terrenos, roupas, casas e coisas que não têm maior serventia para eles, mas que simbolizam o seu *status* social. Além disso, discriminam os que não têm, colocando-os em uma classe à parte que eles consideram como inferiores. O termo mais moderno que se dá a este tipo de coisa é excluídos X incluídos, que é uma forma eufemística de se falar em discriminação.

Há, aqui, porém, a necessidade de se incluir um novo conceito: o de rico de espírito e um rico de espírito pode ser uma pessoa materialmente pobre. Pobres existem que discriminam outros pobres, esquecendo-se de sua própria condição. Muitos pobres não se importam com a condição em que vivem seus irmãos de pobreza e são incapazes de dividir o pouco que têm com os que nada têm. Não nos esqueçamos, por fim, de que, segundo os Evangelhos, quem gritou: Crucificai-o! Crucificai-o! no dia do Grande Julgamento, foi a multidão, cuja maioria era composta de pobres. Que fique, portanto, bem claro que ser pobre não é condição para uma pessoa salvar-se, assim como ser rico não é condição para alguém se perder. O que Jesus quer dizer é que os ricos, por possuírem mais bens, são mais seduzidos do que os pobres a tomarem atitudes egoísticas, arbitrárias e discriminatórias e que, por isso, deveriam ser mais cuidadosos.

Uma outra questão é o modo como as pessoas pobres veem as pessoas ricas. Muitos pobres olham com inveja a mansão do poderoso com dois ou três carros na garagem, seguranças na porta e, às vezes, esses nem suspeitam dos dramas que podem se desenrolar no interior dessas casas luxuosas. Em outras palavras: riqueza não é condição de felicidade. Muitos ricos existem que carregam uma cruz de ouro maciço tão ou mais pesada quanto a cruz de madeira que o pobre carrega.

Por Fim, cumpre dizer-se alguma coisa sobre o Reino de Deus ou Reino dos Céus. Este conceito constitui-se, por assim dizer, no núcleo mesmo da mensagem evangélica de Jesus. Há, porém, que se lembrar aqui que o Reino de Deus não pode ser compreendido como o céu católico ou seja, um lugar de delícias onde as almas beatificadas ficarão eternamente a contemplar a glória de Deus. O Reino dos Céus é uma conquista do espírito, o resultado do seu aperfeiçoamento ao longo das muitas encarnações. Muito provavelmente é por este motivo que Jesus nos diz que o Reino de Deus está em nós e só nos falta descobri-lo e conquistá-lo.

Bem-aventurados os mansos porque eles herdarão a Terra

No salmo 37, versículo 11 lê-se o seguinte:

Mais um pouco e não haverá mais ímpio,
Buscará o seu lugar e não existirá;
Mas os pobres vão possuir a Terra
E deleitar-se com paz abundante.

EVITANDO AS DISCUSSÕES etimológicas e filológicas sempre muito áridas e, às vezes, inúteis, vamos direto à questão: Ser manso. Esta expressão nos leva a uma norma de conduta que poderia ser expressa assim: controla-te e evita a violência se desejas crescer espiritualmente. Ao descrever a entrada de Jesus em Jerusalém, o evangelista evoca a profecia de Zacarias (IX:9) que diz: "Dizei à Filha do Sião: eis que o teu rei vem a ti, manso e montado em um asno," Jesus entra em Jerusalém como um rei, mas, ao contrário dos reis da Terra, ele vem manso, humilde, montado em um asno, um animal também humilde. Em Mateus (XI:29) é o próprio Jesus quem pede: "Tomai sobre vós o meu jugo e aprendei de mim que sou manso e humilde de coração".

Com estas palavras Jesus nos adverte que devemos evitar a arrogância, a cólera, o espírito de vingança e buscar introduzir em nossa vida a conduta marcada pela tranquilidade e pela conciliação. Este é o espírito que norteia o Evangelho e que explica a passagem de Pedro no Getsêmani quando, supondo defender o Cristo, saca a sua espada e corta a orelha do servidor do templo, e foi repreendido por Jesus.

Há, porém, que se lembrar o seguinte: não se deve confundir mansuetude com covardia. Jesus, em toda a sua vida na Terra, foi sempre manso, sem ser covarde. O manso não reage, mas não foge. Dizia Gandhi: "Valente é o que fica na briga, mas não briga." Quem possui a mansuetude crística compreende que o agressor faz aquilo que é próprio de seu estado evolutivo. E, se respondemos a sua agressão com outra agressão, é porque somos iguais a ele. Na sua despedida da Terra, do alto da cruz, Jesus pediu a Deus que perdoasse àqueles que o supliciaram e a causa deste perdão é a ignorância dos seus algozes. Jesus sabe que os espíritos não são maus, estão maus e por isso precisam receber novas chances, o que acontece através das vidas sucessivas. Eles não sabem o que, mas um dia saberão e, quando o souberem, deixarão de fazer o mal.

O prêmio à mansidão é herdar a Terra. De que herança Jesus está falando que, para recebê-la, é necessário ser manso? É bem provável que o Nazareno esteja falando da passagem da Terra, da categoria de mundo de provas e expiações para um mundo de regeneração. Assim, para que se possa efetuar esta transformação e ser digno de tornar-se um cidadão do Reino dos Céus, a mansidão é uma das condições fundamentais.

Bem-aventurados os que choram porque eles serão consolados

APALAVRA GREGA QUE se encontra nesta bem-aventurança é **penthaúntes** que indica uma dor muito grande, uma angústia que fere fundo na alma. Pela primeira vez, Jesus deixa claro a importância do sofrimento como alavanca do progresso. Os que choram serão consolados e como o podem ser? De início, queremos lembrar que todas as afirmações feitas nesta abertura do Sermão do Monte, têm valor futuro e em um futuro não determinado. A dor aumenta consideravelmente, à medida que não se veem as suas causas e diminui bastante, quando sabemos por que sofremos. O chamado bom ladrão, no calvário, ao lado de Jesus, parece menos sofrido do que o mau ladrão. O mau ladrão sente-se injustiçado e, não podendo se voltar contra aqueles que o puniram, debocha de Jesus. O bom ladrão, por seu turno, diz ao outro: nós, pelo menos, merecemos o castigo que nos é infligido, mas ele, não.

Esta reação de Dimas[5] explica-se pelo sentido que ele dá ao seu sofrimento. Eu sou um ladrão, eu violei a lei, logo devo ser castigado. Este raciocínio consola já que, por meio dele, se descobre um nexo entre a dor presente e a causa

5 Nome que a tradição deu ao bom ladrão. O mau ladrão chamar-se-ia, Gestas.

passada. A doutrina dos espíritos, através da lei de causa e efeito explica a origem do sofrimento de um modo claro e insofismável. É nesse sentido que o espiritismo é chamado de o Consolador. Poder-se-ia objetar que o futuro, neste caso, estaria muito distante. Esta objeção perde o sentido quando lembramos que o tempo de Deus não é o tempo dos homens e nem os objetivos de Deus são os nossos.

Queremos lembrar também que o sofrimento foi explicado de outros modos antes de abril de 1857, data da publicação de *O Livro dos Espíritos*, e muitos foram confortados por essas novas explicações. A diferença consiste na explicação dogmática e na racional. Quando se dizia que o nosso sofrimento se devia ao pecado de Adão e Eva, muitas pessoas fiéis à explicação da Igreja aceitavam este mito e se aquietavam, entretanto, esse quietismo era imposto pela força do dogma e, o que era pior, não era uma causa verdadeira. A explicação espírita consola mais do que as outras porque se dirige à razão e ao bom-senso, evitando a imposição dogmática.

Bem-aventurados os que têm fome e sede de justiça porque eles serão fartos

NOS TEMPOS DE Jesus, o Império Romano dominava Israel com mão de ferro. Cada judeu, rico ou pobre, sentia-se injustiçado, embora, no fundo, compreendesse que era a vontade de Deus; entretanto, essa explicação não diminuía a dor das humilhações que sofriam no dia a dia. Para compreender isso, basta lembrar o desastroso governo de Pôncius Pilatos em Jerusalém quando, por diversas vezes, a autoridade romana não poupou orgulho judaico. Lendo-se nos Evangelhos e principalmente em Flávio Josefo, a respeito do governo de Pôncius Pilatos, tem-se a impressão de que ele exercia sua autoridade arbitrária com um certo prazer, como se desejasse fazer os judeus dobrarem a cerviz.

Por outro lado, havia ainda a injustiça social dentro da sociedade judaica. A elite de Israel, muito orgulhosa, colocava-se acima das outras classes. Os pobres da cidade, os camponeses, os trabalhadores braçais eram tidos como inferiores e também eles tinham fome e sede de justiça. Jesus promete que eles serão saciados. Saciados como? Pela reviravolta política que eles acreditavam ser uma das funções do Messias e que faria com que os judeus de dominados se tornassem dominadores? Não. O que Jesus quer dizer é que, se receberem a humilhação como um instrumento para se aperfeiçoar a humildade - um dos requisitos fundamentais para que se possa entrar no Reino de Deus - a falta de justiça poderia ser útil para eles no caminho para os Mundos Maiores, à medida que suportassem com mansuetude as humilhações sofridas. Jesus dá exemplo disto ao final de sua vida terrena no caminho do Gólgota. Ninguém foi mais injustiçado do que ele. Além das ofensas que lhe foram lançadas ao rosto, ele sentiu a defecção dos amigos, a ingratidão daqueles que ele auxiliou, consolou ou curou, entretanto, ele perdoa a todos com a humildade que caracteriza os grandes espíritos.

Assim, se a nossa conduta perante a injustiça contra nós praticada for mansa, sem ser acovardada, firme sem ser violenta, passaremos por este percalço e, nos Mundos Ditosos, compreendendo melhor o verdadeiro sentido de nossas vidas, seremos saciados ao entendermos que, aquilo que consideramos injustiça, eram provas duras, mas necessárias ao nosso progresso.

Bem-aventurados os misericordiosos porque eles alcançarão a misericórdia

VAMOS EXAMINAR, AINDA que superficialmente, o sentido da palavra misericórdia nos Evangelhos. Este exame nos mostra que esta palavra possui dois sentidos nos textos evangélicos. No primeiro caso, a misericórdia está relacionada ao perdão das ofensas, como se vê em Mateus IX:13; XII:17; XVIII:33 e XXII:23. Em segundo lugar, o termo misericórdia ainda em Mateus tem o sentido de sentir a dor do outro, ter piedade por. Quando dois cegos vêm pedir a Jesus para curá-los, dizem: *Tende piedade de nós, Filho de Davi.*[6] Na passagem mais a frente, Mateus conta o caso de uma mulher cananita que se aproximou de Jesus dizendo: "Tende piedade de mim, Senhor, filho de Davi.[7]" Em ambos os casos é usada a palavra grega **eleémones** que tanto pode significar piedade como misericórdia.

Sem perder de vista que Jesus não estava falando apenas para as pessoas que assistiam ao sermão, mas também para nós, homens e mulheres do século XXI que nos consideramos cristãos, ser misericordioso, ter compaixão pela dor alheia, é uma condição fundamental para o nosso progresso. Combater a insensibilidade que nos faz achar que as

---

6 Mateus IX:13.

7 Mateus XV:23.

dores do próximo são um problema dele, é tarefa urgente para cada um de nós.

A grande novidade desta bem-aventurança está no fato de Jesus ter estendido o prêmio maior da misericórdia divina a todos os homens e não apenas aos judeus. Os rabinos sempre pregaram a necessidade de beneficência com o israelita, excluindo o gentio. Com Jesus, este espírito sectarista termina e o Evangelho busca cobrir com o manto do amor e da misericórdia todos os homens, judeus ou não. Foi isto que o apóstolo Paulo compreendeu muito bem ao levar o Evangelho do Cristo aos gentios.

Bem-aventurados os limpos de coração porque eles verão a Deus

COMO A ANTERIOR, esta bem-aventurança é exclusiva de Mateus já que ambas não se encontram em Lucas.

A sua formulação literária é realizada com uma palavra que pertence ao discurso legalista e ritualístico do culto. Literalmente a expressão, os puros, evoca aqueles que têm em seu culto a pureza ritual. No Salmo XXIV:3-4, lê-se:

> Quem subirá ao monte?
> Quem pode subir a montanha de Iahweh?
> Quem pode ficar de pé no seu lugar santo?
> Quem tem as mãos inocentes e coração puro?
> E não se entrega à falsidade
> Nem faz juramento para enganar[8]

No vocabulário religioso dos judeus, as palavras coração e espírito são, praticamente, sinônimas. Assim, por puro de coração, se poderia entender, também, puro de espírito. Embora no Antigo Testamento, esta expressão se referisse ao culto externo da pureza ritual, em Jesus ele ganha um novo matiz e passa a significar autenticidade

---

8 Salmo XX IV:3-4.

moral. Deste modo, em Jesus, o espírito puro é o que não mente, que não falta com a palavra, que não falseia, que não oculta em seu íntimo projetos escusos.

Com esta atitude de Jesus, condenando a impureza do coração, nota-se a crítica clara à moral farisaica a qual, por meio de prescrições legais e purificações, acabou por degenerar em um ritualismo vazio e puramente materialista. Aqui mesmo, no Sermão do Monte, encontramos uma frase de Mateus que reflete muito bem o que se quis dizer. A frase é a seguinte: *Se a vossa justiça não excede a dos escribas e dos fariseus não entrareis no Reino de Deus*. Em outras palavras, ao cristão não basta fazer como todo mundo, seguindo o que se poderia chamar de comportamento religioso convencional. O cristão deve ir mais além do comum das pessoas. Em outros termos, o cristão tem que fazer diferença, se desejar, de fato, ter um lugar no Reino de Deus.

O prêmio aos que têm puro o coração é ver a Deus. Como poderemos compreender isso? Esta expressão, tem, pelo menos duas interpretações dentro do contexto do judaísmo: Em primeiro lugar significa estar presente no templo onde se supõe que Deus more e assistir às solenidades litúrgicas. Esta ideia se encontra no seguinte salmo:

> Minha alma tem sede de Deus, do Deus vivo
> Quando voltarei a ver (no templo)
> A face de Deus?[9]

A formulação desta bem-aventurança se encontra nas páginas do Velho Testamento: *Os retos verão a benigna face de Deus*.[10]

---

9 Salmo XLII:3.

10 Salmos II:7.b.

Em segundo lugar a expressão ver a face divina pode significar ser tirado de uma situação difícil como se vê em Salmos LX II, 17; 13, 1 e 31-15.

Fora do contexto do Velho Testamento, pode-se entender esta expressão como estar próximo de Deus, não em um sentido físico, mas espiritual. Ver Deus face a face, neste caso, significaria uma íntima relação entre o crente e a divindade à proporção que o primeiro cumpre integralmente a lei estabelecida pelo segundo. É nesse sentido que Jesus diz que ele e o pai são um, ou que o apóstolo Paulo nos diz: *Já não sou mais eu que vive, é Cristo que vive em mim.*

Bem-aventurados os pacificadores porque serão chamados de filhos de Deus

A EXPRESSÃO PACIFICADORES que se diz em grego **éireno-poí**, cujo sentido é fazedor de paz, é uma oposição clara aos guerreiros ou aos violentos. Os pacificadores são aqueles que procuram dirimir os conflitos, interferir nas lutas, buscando uma solução pacífica que una os contendores. Os pacificadores são os cristãos que não estimulam a violência e ao contrário tentam conciliar os interesses das partes.

Nós temos, em geral, o hábito de preferir a guerra à paz, a polêmica à concórdia. Por isso muitas pessoas apreciam esportes violentos como o boxe e as lutas marciais e se regalam com os filmes de violência, chamando os filmes não violentos de água-com-açúcar. Quando há uma briga de rua, vê-se logo a multidão aplaudindo e incentivando os contendores a lutar e mesmo a se matarem um ao outro. Se alguém, um pacificador, tenta por exemplo, acabar com a briga, nem sempre é bem-visto.

Com isso, em um mundo dito cristão, mas que cultua a violência, as pessoas não percebem o quanto são contraditórias. Jesus, em toda a sua vida, pregou o amor e exemplificou aquilo que pregava e a violência é, sem sombra de dúvida, um dos comportamentos extremamente opostos ao amor. Os violentos não podem ser cristãos, embora se digam. Os pacificadores, sim, merecem a posição de filhos de Deus porque como dizem as próprias escrituras: *Deus é um deus de paz.*

Por fim, cumpre lembrar que o Reino de Deus de que nos falou Jesus não seria conquistado como imaginavam os judeus, por meio da luta armada contra os romanos, mas por meio da pacificação dos espíritos. Em outras palavras, o verdadeiro guerreiro da luz é aquele que difunde a paz de Deus entre os homens. Este será chamado de Filho de Deus.

Bem-aventurados sereis vós quando vos injuriarem e vos perseguirem e digam toda classe de mal contra vós, caluniando-vos por minha causa

ESTA BEM-AVENTURANÇA DIZ respeito às dificuldades por que passarão os discípulos de Jesus na pregação do Evangelho do Reino. Do mesmo modo que nos casos anteriores, Jesus está falando também a nós. É pura ilusão pensar-se que é fácil ser cristão, bastando ir à igreja, assistir às missas, confessar a um sacerdote os nossos pecados, observar os dias santos, respeitar os sete sacramentos, no caso de ser católico, ou ouvir o pastor e ler a Bíblia, no caso dos evangélicos, ou ainda ler as obras de Allan Kardec, ir ao centro espírita, ouvir palestras, em se tratando do espiritismo.

Ser cristão é muito mais do que isso. Ser cristão é viver no dia a dia a moral de Cristo na sua integralidade e aí é que as coisas se tornam difíceis porque, nessa tentativa, quando séria, o homem fica diferente e, ao ficar diferente, choca-se com as pessoas que não fazem a mesma tentativa. Nesse sentido surgem divergências na família, manifestam-se incompreensões com amigos próximos, crises no ambiente de trabalho, dificuldade na educação dos filhos.

Em verdade, no ocidente, o cristianismo foi soterrado pela avalanche dos interesses individuais e egoísticos onde se matou, fizeram-se guerras e usurpou-se em nome de Jesus.

Em nossos dias as coisas continuam um tanto mais mascaradas. Nunca se viveu menos o cristianismo do Cristo do que em nossos dias. Países cristãos fazem guerras a maometanos e deixam morrer de fome milhões de pessoas no Terceiro Mundo. Em nome da democracia e da não-repressão, a pornografia corre à solta; o álcool é vendido abertamente e o fumo convive conosco com um nível abaixo de repressão e quando, no momento, o Estado o reprime está pensando muito mais nos gastos econômicos com os que adoecem do que na reforma moral do fumante.

Não é necessário falar no crime organizado, a grande chaga do nosso mundo, no uso comercial da religião, na maneira "diabólica" com que a mídia é utilizada entre muitas outras coisas. Um verdadeiro cristão, em nosso mundo, seria uma pessoa incômoda, cuja conduta seria uma denúncia silenciosa aos desmandos dos falsos cristãos. Nesse sentido a afirmação de Jesus sobre o duro tratamento que receberiam os verdadeiros cristãos em um mundo dominado pelas trevas, não perdeu ainda a validade.

O sal e a luz

> Vós sois o sal da terra; porém, se o sal se tornar insípido com que se há de salgar? Para mais nada serve, senão para ser lançado fora e pisado pelos homens.
>
> Vós sois a luz do mundo. Não se pode esconder uma cidade situada sobre um monte. Nem se acende uma lâmpada e se coloca debaixo do alqueire, mas no candelabro. Que brilhe do mesmo modo a vossa luz diante dos homens para que vendo as vossas boas obras, eles glorifiquem vosso Pai que está nos céus.[11]

NESSA PARTE DO sermão, Jesus cuidará de instruir seus discípulos sobre o comportamento deles. Os discípulos em seu apostolado devem ser, por metáfora, o sal da terra. A palavra terra não significa aqui apenas o país israelita, mas tem um valor universal, basta para compreender isso, a segunda recomendação: "vós sois a luz do mundo." Esta afirmação de Jesus é confirmada mais à frente quando ele disser "Ide e pregai o Evangelho a todas as gentes."[12]

O elemento básico desta recomendação é a palavra sal. O sal é, ao mesmo tempo, conservador de alimentos e des-

---

11 Mateus V:13-16.

12 Mateus XXVIII:19-20.

truidor das impurezas, agindo contra a corrosão. É, sem dúvida, por este motivo que ele aparece no xintoísmo[13] como elemento purificador. Depois de sua volta do Reino dos Mortos, o deus **Inagi** purificou-se na água salgada do mar.

A virtude protetora e purificadora do sal está presente na vida cotidiana japonesa assim como nas cerimônias xintoístas. A sua coleta é objeto de um ritual importante. Costuma ser colocado em pequenos montes, na beira dos poços, nos cantos dos ringues de luta, no chão depois das cerimônias funerárias. O sal tem a propriedade de purificar os lugares e objetos que, por inadvertência, tenham sido maculados.

O sal também simboliza a incorruptibilidade e a sua presença é obrigatória em todos os sacrifícios. Consumir com alguém pão com sal é sinal de uma amizade indestrutível. Em Philon, se encontra a afirmação de que o alimento dos terapeutas, por ocasião dos sabás, era pão, sal de hissope e água doce. Os pães da proposição que ficavam no templo era também acompanhados de sal. É, em função disto, que o sal foi introduzido no catolicismo na cerimônia do batismo e na prática do jejum.

O sal pode ter também o sentido de esterilidade. Nesse caso, a terra salgada tinha o sentido de terra árida. Os romanos jogavam sal nas terras das cidades que destruíam para que o solo se tornasse para sempre estéril. Muitos místicos compararam a alma à terra salgada (terra estéril) ou a terra fertilizada pelo orvalho da graça.

O sal, como elemento purificador e que evita a corrupção aplicado aos apóstolos, significa o fato de os seguido-

---

13 Religião natural do Japão. O nome desta religião deriva do chinês *shin-tão* que significa: no caminho dos deuses.

res de Jesus terem de pregar o Evangelho em um mundo moralmente corrompido pela hipocrisia farisaica ou pelo verme do paganismo. Como o sal, eles fazem a diferença, eles poderão salvar a terra dos micróbios da imoralidade, mas é preciso que eles próprios não se corrompam porque, se o sal se tornar insípido (perder o seu poder de salgar) perderá também a sua razão de ser e terá de ser atirado fora para ser pisado pelos homens. Esta expressão é um provérbio tirado da literatura rabínica.

Os apóstolos de Jesus não poderão ser insossos, sem sabor, neutros, mas pessoas de qualidade que onde chegarem, serão exemplos da verdadeira conduta cristã. Não pactuarão com o erro, mas denunciá-lo-ão para que os que estão necrosados moralmente recebam uma boa dose de sal e possam retomar o vigor antigo. Desse ponto de vista, cada cristão é um exemplo da vida verdadeira, da vida com sabor da espiritualidade, mas, se eles perdem esta faculdade de exemplificar, tornam-se iguais a todos e se diluem como o sal na água e, aí, para mais nada servem.

A segunda metáfora tem como base a palavra luz, uma palavra riquíssima em simbolismo. A luz é a expressão das forças fecundantes do céu como a água o é em relação à terra. Em muitos mitos da Ásia Central a luz é evocada como o calor porque é o calor que dá a vida ou como a força que penetra no ventre da mulher. Acredita-se que a forma luminosa é a mais comum e adequada para expressar a divindade. Toda epifania[14], toda aparição costuma ser cercada por uma espécie de nimbo de luz pura, astral na qual aparece a divindade ou um seu representante. Como um bom exemplo, basta citar a manifestação de Iahweh no Sinai perante Moisés.

14 Manifestação do sagrado.

A luz é símbolo de vida e de fertilidade. Jean Paul Roux em um livro muito interessante,[15] cita o testemunho de um monge tibetano, segundo o qual nos tempos primordiais as pessoas se multiplicavam por meio de uma luz emanada do corpo do homem que penetrava na matriz da mulher e a fecundava. Na iconografia europeia, existe um quadro em que uma luz descida do céu penetra pelo ouvido da virgem Maria e a fecunda... Fazendo-se uma leitura espiritual destes exemplos, pode-se dizer que a luz da graça fecunda a alma da criatura por Deus escolhida.

A partir dessas considerações, podemos chegar à conclusão de que ao dizer que os apóstolos são a luz do mundo, Jesus quer que se entenda serem elementos que fecundam a alma humana com a mensagem do Evangelho. Eles iluminam o mundo com a luz divina do verbo crístico.

Assim, não devem ocultar esta luz acesa neles por Jesus Cristo. Hão de iluminar a verdade do Reino para que os homens percebam as trevas em que vivem e acendam neles a luz divina; e isso é feito através das obras dos apóstolos. Na versão grega dos Evangelhos encontra-se a palavra **hópos** que significa "para que vejam vossas obras". Uma leitura apressada pode dar a ideia de que os apóstolos poderiam realizar obras para que os homens vissem e os elogiassem. A ideia, entretanto, não é esta, mas outra: os apóstolos farão obras não para receberem o aplauso do mundo, mas para servirem de exemplo aos homens que tateiam nas sombras...

Não só os discípulos de Jesus, cada cristão também deve ser uma luz, pequena ou grande, mas uma luz que brilhe constantemente e ilumine em seu redor. Esta ilumi-

15 Flora e Fauna sagradas nas sociedades Altaicas. Paris 1954.

nação nasce da exemplificação, da conduta correta e de um estar no mundo mais de acordo com o que Jesus quer de cada um daqueles que nele acreditam.

Estas comparações dos apóstolos com o sal e a luz possuem objetivos distintos. A primeira nos faz ver que, para evangelizar, deve o discípulo estar purificado e ser como o sal um elemento purificador, e a segunda nos aconselha a não ocultar a luz (valores espirituais) e levá-la aos homens para que possam também eles desfrutar da mesma luz.

Jesus e a lei antiga

> Não penseis que vim revogar a Lei e os Profetas. Não vim revogá-los, mas dar-lhes cumprimento, porque, em verdade vos digo que, até que passem o céu e a terra, não será omitido nem um só i, nem uma só vírgula da Lei, sem que tudo seja realizado. Aquele, portanto, que violar um só desses menores mandamentos e ensinarem os homens a fazerem o mesmo, será chamado o menor no Reino de Deus, aquele, porém, que os praticarem e os ensinarem, esse será chamado grande no Reino de Deus.[16]

DE INÍCIO, VAMOS fazer algumas considerações sobre a tradução deste texto. Usamos para este estudo a Bíblia de Jerusalém e o seu conteúdo, neste caso, merece algumas observações. No texto bíblico que escolhemos, foi usada a forma verbal completa nas frases: eu não vim revogar, mas dar-lhe cumprimento. Esta tradução não é a melhor. Todos nós estamos aqui para cumprir a lei de Deus, logo Jesus nada teria dito de especial ao afirmar que veio para dar cumprimento à Lei já que todos nós reencarnamos exatamente para isso. O verbo usado, em grego é **plerosai** (plhrosai) que tem o

16 Mateus V:17-19.

sentido de completar e aperfeiçoar. Assim, a vinda de Jesus teria por finalidade completar, aperfeiçoar os ensinos da lei mosaica. Jesus, portanto, não é apenas um cumpridor da lei, mas o seu aperfeiçoador ou o seu complementador porque ele acrescenta novos ensinos à lei antiga.

Em continuidade, diz-se que a lei será completada dentro de um tempo específico. Este tempo é o do ciclo evolutivo do planeta que passará de um mundo de provas e expiações até um mundo de regeneração. Para que o nosso mundo avance e haja a transformação, é necessário que a lei seja cumprida em sua totalidade: sem ser omitido um jota ou uma simples vírgula. O verbo utilizado, neste texto, é **génetai** (gignomas) ghnhtai (gignomaoz) que tem o sentido de vir a ser, tornar-se, assim, aponta para o conceito de evolução. Desse modo, poderíamos entender, nesta passagem, que Jesus quis dizer que a lei se cumprirá quando a humanidade houver evoluído o necessário para dar mais um passo na senda do progresso.

Na continuidade do texto de Mateus, há uma referência inteiramente irracional. Sobre esta questão vamos conhecer o texto de Carlos Torres Pastorino:

> A seguir vem um trecho que, nas traduções vulgares, apresenta um contrassenso incompreensível, um absurdo. Lemos: Quem violar um pequeno mandamento e assim ensinar, entrará no reino dos céus embora seja chamado mínimo. Como poderá entrar no reino dos céus aquele que violar um mandamento da Lei, ainda mais com o agravante de ensinar erro aos outros? Será igualado com o prêmio ao que cumpre a lei? Não é possível compreender este disparate. Por exemplo, alguém viola um mandamento, mata outrem, e ensina os homens a matar, levando-os a fa-

> zerem o mesmo; terá ele o mesmo "reino de Deus " que aquele que jamais matou alguém? Sim, em ponto menor, mas basta isso para constituir um prêmio. Não. Não é possível. A tradução está malfeita.
>
> Vamos ao original. O verbo usado é ***lúó*** na forma **lúsêi.** Tem o significado de soltar, solver, resolver, solucionar, aclarar, explicar. Secundariamente pode-se traduzir por violar também, mas o contexto não permite esse sentido.
>
> O que compreendemos, pois, é aquele que conseguiu solucionar ou explicar um dos mandamentos por mínimo que seja e, assim ensinar os homens, será premiado com a entrada no "reino dos céus", embora obtenha um lugar mínimo. Mas aquele que solucionar, compreendendo-o e explicando-o e assim ensinar aos homens, e além disso, praticar e viver todo o conjunto dos mandamentos; esse obterá o ingresso no reino dos céus e será chamado grande. Como vemos, o sentido fica lhano e fácil, tem lógica e sequência, desenvolvimento claro e ilação perfeita.[17]

Fechado este parêntese, iniciemos o nosso estudo. Nessa passagem do Evangelho de Mateus, a palavra-chave é Lei, mas de que lei Jesus está falando? Por certo, ele está se referindo a Thorá ou lei de Moisés que havia sido útil no contexto do Velho Testamento, mas que no tempo de Jesus havia caducado. Há, entretanto, aqui, que se fazer uma distinção no caso da Lei Antiga. Na Lei de Moisés há dois tipos de orientação: a que tem a sua origem na obra dos espíritos superiores e aquelas que nasceram do próprio Moisés para disciplinar comportamentos que ele considerava negativos

17 Pastorino, Carlos Torres. *Sabedoria do Evangelho*. Vol. II. p. 134.

e perigosos para a ordem social de seu povo. Esse segundo aspecto da Lei é que havia caducado, porque a lei trazida do plano espiritual superior, não poderia caducar de modo algum. Vejamos uma passagem da antiga Lei que nos ajudará a compreender este ponto de vista:

> Iahweh falou, então, a Moisés e lhe disse: Falai assim aos filhos de Israel: Se há alguém cuja mulher se desviou e se tornou infiel, visto que, às escondidas de seu marido, esta mulher dormiu maritalmente com um homem e se tornou impura secretamente, sem que haja testemunhas contra ela e sem que tenha sido surpreendida no ato; contudo, se um espírito de ciúme vier sobre o marido e o tornar ciumento de sua mulher que está contaminada, ou ainda, se esse espírito de ciúme, vindo sobre ele o tornar ciumento de sua mulher que está inocente: tal homem conduzirá sua mulher diante do sacerdote e fará por ela uma oferenda de um décimo de medida de farinha de cevada. Sobre ela, não derramará azeite e nem porá incenso, pois se trata de uma oblação de ciúme, uma oblação comemorativa que deve trazer à memória um pecado.
>
> O sacerdote fará aproximar a mulher e a colocará diante de Iahweh. Em seguida tomará água santa em um vaso de barro e, tendo tomado o pó do chão da Habitação, o espargirá sobre a água. E apresentará a mulher diante de Iahweh, soltará a sua cabeleira e colocará nas suas mãos a oblação comemorativa (isto é, a oblação do ciúme). E, nas mãos da mulher estarão as águas amargas e de maldição.
>
> A seguir o sacerdote fará a mulher jurar e lhe dirá: "Se não é verdade que algum homem se deitou contigo e que te desviaste e que te tornaste impura, enquanto

> sob o domínio de teu marido e que te tornaste impura e que outro homem que não o teu marido, participou de teu leito... O sacerdote fará, aqui, a mulher prestar um juramento imprecatório e lhe dirá: Que Iahweh te faça no teu povo, objeto de imprecação e maldição, fazendo murchar o teu sexo e inchar o teu ventre! Que estas águas de maldição penetrem nas tuas entranhas, a fim de que o teu ventre se inche e o teu sexo murche. A mulher responderá: Amém! Amém!
>
> Em seguida, o sacerdote escreverá essas imprecações e as apagará com as águas amargas. E fará a mulher beber essas águas amargas e de maldição e serão, para ela, amargas.
>
> O sacerdote, então, tomará das mãos da mulher a oblação de ciúme e a erguerá, apresentando-a diante de Iahweh e a colocará sobre o altar. E tomará um punhado da oblação do ciúme e o queimará sobre o altar para memorial.[18]
>
> O sacerdote fará a mulher beber desta água. E, ao fazê-la beber as águas, se realmente ela se tornou impura, enganando seu marido, então, as águas da maldição, penetrando nela, lhe serão amargas: seu ventre inchará, seu sexo murchará e ela servirá de exemplo nas maldições. Se, ao contrário, ela não se tornou impura, mas está pura, sairá ilesa e será fecunda.

Poderíamos encontrar, ao longo do Velho Testamento, muitas outras passagens semelhantes a esta, mas a preferimos por sua profunda falta de caridade e desrespeito pelo sexo feminino. Veja-se que a mulher é exposta à mais profunda humilhação pelo simples ciúme de seu marido,

---

18 Números V:11-31.

o que tornaria muito simples para um marido descartar-se de sua esposa. O que significa, porém, espírito do ciúme? Não fica claro, mas na prática pode ser tudo, inclusive o desejo do marido de se vingar da mulher.

É claro que não se pode atribuir a Deus algo como isto, uma vez que a justiça divina tem que, necessariamente, ser maior do que a justiça humana e esta não condena uma mulher apenas pelo ciúme de seu marido. Jesus condenará esta regra no episódio da mulher adúltera que é levada a ele para ser julgada e Jesus a perdoa, depois de dizer a famosa frase: *Aquele que for livre de qualquer pecado, atire a primeira pedra.*

Segundo a antiga lei, deveria prevalecer a lei do olho por olho, dente por dente, que é a mais concreta negação do perdão. Jesus desaconselha este princípio ao dizer:

> Ouviste o que foi dito aos antigos: Não matarás; aquele que matar terá de responder no tribunal. Eu, porém te digo: todo aquele que se encolerizar contra seu irmão, terá de responder no tribunal, aquele que disser a seu irmão, raca, estará sujeito a julgamento no Sinédrio, aquele que chamar seu irmão de louco, terá de responder no geena de fogo. Portanto, se estiveres para trazer tua oferenda ao altar e ali te lembrares que teu irmão tem algo contra ti, deixa a tua oferta ali, diante do altar e vai primeiro reconciliar-te com teu irmão; depois virás apresentar a tua oferta. Assume logo uma atitude conciliadora com o teu adversário enquanto estás com ele no caminho, para não acontecer que o adversário te entregue ao juiz e o juiz ao oficial de justiça e assim serás lançado na prisão. Em verdade te digo: não sairás dali sem teres pago o último ceitil.[19]

---

19 Mateus V:20-26.

É muito comum no discurso de Jesus Cristo, cuja finalidade seja aperfeiçoar a lei judaica, uma afirmação que corresponderia a uma coordenada inicial e, em seguida, uma adversativa que nega a oração anterior. A forma se encontra na passagem que vamos estudar: tendes ouvido dizer os antigos (oração inicial) eu, porém vos digo (oração adversativa) e, em continuidade coloca o seu pensamento a respeito do problema.

Na passagem estudada, logo no início, Jesus faz uma referência aos antigos. Esses antigos não são, como alguns pensaram, os anciões do Templo, os doutores da lei ou os rabinos. A palavra antigo se refere à tradição de Israel, em outras palavras, à Lei antiga. Depois Jesus cita o quinto mandamento do Sinai que condena o homicídio. Muitos acreditam que a consequência do crime de morte, ou seja, "será réu de juízo" seja um acréscimo de Mateus, entretanto, não há razão para isso, pois a condenação do homicídio se encontra na moral antiga: "aquele que fere outro de morte será castigado com a morte."[20] No tempo de Moisés este tipo de julgamento e de punição era, pode-se dizer, instantâneo, e a própria comunidade executava o réu. No tempo de Jesus, entretanto, já havia tribunais para julgar segundo as regras jurídicas e com um certo formalismo. Provavelmente é disto que Jesus está falando.

A frase de Jesus está condenando não só o homicídio, mas outros comportamentos agressivos que equivalem a uma espécie de homicídio moral. São eles:

Irar-se contra o próximo de modo justo ou injusto. No movimento da ira atiramos contra o nosso irmão pensamentos desamorosos e, com isso, nossas vibrações se tor-

---

20 Êxodo XXI:12 e Levítico XXIV:17.

nam venenosas. É neste sentido que a ira pode ser uma forma de agressão.

Atirar contra o irmão a expressão raca. O sentido desta palavra não está muito bem definido. Para ela se propõem duas etimologias distintas. No primeiro caso, se originaria em *reqah* ou *reqa* que significa vazio, estúpido. No segundo caso, a palavra viria de uma forma apocopada aramaica de *rahaqa* que tem o sentido de reprovar. Assim, raca teria o sentido de pessoa abominável.

Palavra louco, *moré,* em grego, corresponde ao hebreu *nabal*. Esta palavra hebraica não significa apenas louco, mas também ímpio, ou aquele que se rebela contra Deus. Qual desses dois sentidos é o preferível no caso do Sermão do Monte? Muito provavelmente esta palavra signifique ímpio e não perda da sanidade mental. Assim *nabal* e raca estariam no mesmo campo semântico. As três faltas serão punidas segundo a sua gravidade.

A ira contra o próximo será punida com a possibilidade de o agressor se tornar réu de juízo, ou seja, do tribunal local que segundo Moisés, deveria haver em todas as comunidades israelitas.[21]

A segunda falta é ameaçada com pena de mais gravidade pois, quem disser raca ao seu irmão será réu no grande Sinédrio que julgava os crimes maiores.

A terceira ofensa, chamar alguém de ímpio, é punida com o geena de fogo.

Tentemos esclarecer o sentido da palavra geena.

Esta palavra, que deve ser traduzida por vale dos gemidos é bastante familiar nos Evangelhos. É usada por:

---

21 Deuteronômio XVI:18.

- Mateus: V:22, 29,30; X:28,18-19: XXIII:15
- Marcos: IX:43.45,47
- Lucas: XII:15
- Tiago: III:6.

O termo não se encontra em João nem nos escritos do apóstolo Paulo. **Geena** é uma palavra muito antiga e aparece no Velho Testamento desde o tempo de Josué.

A etimologia desta palavra é a seguinte. Ela é formada de **Ge (bene) Hinnon** que significa Vale dos filhos de Hinnon. Ficava no Tiropeon, lugar que em nossos dias se chama **Wadi er Rabâby**. Ali, no passado, os judeus imolaram seus filhos ao deus **Moloc** como se pode ver em Reis IV:23, 10; em Jeremias VII:31, 19-15 entre outros. Em razão dessas práticas idólatras e ímpias, o lugar tornou-se maldito. Para deixar clara a mancha deste lugar, o rei Josias transformou o local em uma enorme lixeira onde se atiravam os corpos de animais mortos e toda a classe de imundícies. As autoridades, então, mandavam que se queimasse o material ali colocado e, como era muito grande este material, o lugar estava em fogo permanente, daí a expressão "Geena de fogo inextinguível."

Muitas pessoas, por causa do fogo ali existente associaram o Geena ao Inferno, entretanto, isto não está correto. Em verdade Jesus está se referindo ao fogo como elemento purificador e não punitivo. Historicamente, a principal função do fogo é purificar, daí o Batista ter dito: "Eu batizo com água, mas há de vir um que batiza com fogo." A sucessão das dores por que passam os espíritos em suas muitas vidas, são aqui simbolizadas pelo fogo, uma vez que como o fogo, devorando as impurezas físicas, torna puro o que era impuro, a dor é o fogo que queima na alma as impurezas que impedem o seu progresso.

Em seguida, Jesus coloca uma pequena parábola sobre o homem que vai colocar no templo a sua oferenda. Esse homem, porém, antes de colocar a sua oferenda no altar, deve reconciliar-se com o seu inimigo, pois, com o ódio no coração, ou mesmo uma simples mágoa, não está em condições de ofertar a Deus de modo adequado. Há neste caso uma expressão que não pode passar despercebida. Refiro-me à frase: "enquanto tu estás com ele no caminho."

Examinemos esta frase. Por que Jesus disse isso? Vejamos. A expressão no caminho é sinônimo de na vida. Logo é urgente a reconciliação dos inimigos nesta vida porque o ódio, assim como o amor, continua na vida espiritual e, não raro, com maior intensidade. O espiritismo dá a esta frase um sentido novo, uma vez que reconhece a existência da vida depois da morte. Quem imagina que todas as emoções humanas cessam com a morte, labora em erro. Assim, reconciliar-se com o inimigo enquanto estamos com ele nesta vida, seria fundamental para não levarmos à outra as emoções negativas que temos com respeito aos nossos desafetos.

Diz Jesus que aquele que não fizer isso será atirado à prisão de onde não sairá sem ter pago até o último ceitil. Devemos lembrar, aqui, que Jesus não está se referindo a uma prisão convencional, mas à reencarnação ou prisão da alma em um corpo. Se não aprendermos a amar o nosso próximo como a nós mesmos, teremos que continuar prisioneiros do corpo, indo e vindo a este planeta até que tenhamos nos reconciliado inteiramente com a lei.

O adultério

LOGO DE INÍCIO, Jesus faz uma afirmação aparentemente radical. Diz ele que não é necessário o intercurso carnal para caracterizar o adultério, mas que o simples olhar a desejando já é adultério. A nossa moral nos faz considerá-lo apenas quando existe a relação sexual. Para Jesus, o adultério vai mais além já que reside no desejo pela mulher casada ou pelo homem comprometido. Em verdade, não é a simples relação carnal que gera as dívidas reencarnatórias.

Como dizem os poetas, os olhos são os espelhos da alma e, muitas vezes, um observador arguto pode perceber, pelo olhar de alguém, os sentimentos desta pessoa. Assim, há olhares e olhares. O olhar que apenas admira, que busca contemplar a beleza é inteiramente válido e não há por que condená-lo. Jesus fala do olhar concupiscente que expressa o desejo carnal, despido por completo dos traços de espiritualidade.

Uma outra expressão que precisa ser explicada é **adulterar com ela**. Nesse contexto, com ela não pode ser entendido por junto com ela ou em companhia dela, ou ainda com a cumplicidade dela. Suponhamos que um homem erotizado olhe para uma mulher honesta com os olhos do desejo carnal, mas ela nem mesmo registra o olhar. Não é justo dizer que ele adulterou com ela nos sentidos que colocamos há pouco. Assim a expressão: com ela, deve ser entendida como: em relação a ela, tomada como objeto de seu desejo.

Jesus passa, em seguida, a fazer afirmações que, tomadas ao pé da letra, poderiam ser incluídas na chamada estranha moral. O grande padre da Igreja, Orígenes (185-254) castrou-se, seguindo, equivocadamente, esta orientação. A explicação mais lógica deste conselho de Jesus deve tomar por base a ideia reencarnatória. Assim, em uma vida, um espírito fracassado em função do mau uso de um determinado órgão, pode, na vida seguinte, abrir mão desse órgão que lhe foi causa de tropeço.

O divórcio

> Também seja dito: aquele que repudiar sua mulher, dê-lhe uma carta de divórcio. Eu porém vos digo que todo aquele que repudia sua mulher, a não ser por motivo de fornicação, faz com que ela adultere; e aquele que se casar com a repudiada, comete adultério.[22]

Para melhor compreensão do assunto vamos citar o Evangelho de Marcos onde a questão se encontra mais desenvolvida do que em Mateus:

> Partindo dali, ele foi para o território da Judeia além do Jordão e, outra vez, as multidões se reuniram em torno dele. E, como de costume, de novo, as ensinava. Alguns fariseus aproximaram-se dele e, para pô-lo à prova, perguntaram-lhe: É lícito ao marido repudiar a sua mulher? Ele respondeu: o que vos ordenou Moisés? Eles disseram: Moisés permitiu escrever carta de divórcio e depois repudiar Jesus, então, lhe disse: Por causa da dureza de vossos corações, ele escreveu, para vós, esse mandamento. Mas desde o princípio da criação, ele os fez homens e mulheres. Por isso, o homem deixará a casa de seu pai e de sua

22 Mateus V:31-32.

> mãe e os dois farão uma só carne. Por isso o que Deus uniu que o homem não separe. E, em casa, os apóstolos voltaram a interrogá-lo sobre esse ponto. E ele disse: todo aquele que repudiar a sua mulher e desposar outra, comete adultério contra a primeira e se essa deixar o seu marido e desposar outro, também comete adultério.[23]

A lei de Moisés permitia que o marido repudiasse a mulher e não o contrário. No Deuteronômio, lê-se: Se um homem toma uma mulher por esposa e esta deixar de agradá-lo porque notou nela algo indecoroso **(erwath dabar)** escreva-lhe uma carta de divórcio e ambos podem casar de novo.[24] Jesus confirma a tese tradicional e também repudia o divórcio exceto no caso de fornicação.

No texto de Marcos, Jesus reconhece o aspecto legal do divórcio, mas faz um adendo ao dizer que Moisés permitiu este recurso jurídico por causa da dureza dos corações. Temos que nos ater um pouco nessa afirmação.

Desde as primeiras civilizações as pessoas se casam e, como hoje, há casamentos que dão certo e casamentos que não dão certo. No tempo de Jesus não era diferente. Quando ele fala na dureza de corações, está falando aos homens uma vez que as mulheres não pediam divórcio. No casamento, hebraico, a mulher não tinha a menor liberdade e, por qualquer motivo, era punida pelo marido. Vimos em parte deste trabalho como a simples suspeita de um homem, apenas por ciúme redundava em humilhações enormes para a mulher. Lembremos do caso de José e Maria em que, ao ver os primeiros sinais da gravidez na esposa,

23 Marcos X:1-12.

24 Deuteronômio XXIV:1-4.

José pensa em repudiá-la, mas como era um homem bom, não querendo expor Maria à execração pública, pensou em deixá-la em segredo.

Em Marcos, Jesus reconhece divórcio como um instrumento que põe fim a uma união onde um coração duro poderia causar severas dores no outro coração que lhe estava submetido. Muitos casamentos há em que a vida em comum é um terrível martírio, para um, ou para ambos os cônjuges e manter este casamento, invés de ajudar no progresso espiritual do casal, pode criar entre ambos uma dívida muito maior.

Em muitos casos , a mulher não tinha maiores escolhas como aconteceu com Betsabá. Esta mulher era casada com o capitão Urias e foi objeto da paixão desbragada de Davi, rei de Israel. Davi não lhe respeitou o casamento e por meio de ardis altamente imorais, matou-lhe o marido e a tomou para esposa. Betsabá queria Davi na mesma intensidade? O texto não diz, mas tudo indica que não, porém, sendo mulher, o seu desejo deveria ser sufocado pelo desejo do homem poderoso que a queria como mulher. Teria ela sido adúltera ou vítima da tirania de um homem?

Jesus fala ainda em divórcios por motivos fúteis em que o marido, deixando a mulher para procurar outra, tornava-a adúltera se ela se casasse com outro ou deixava a mulher também com possibilidade de buscar outras relações duvidosas e mesmo caminhar para a prostituição. Um caso exemplar acontecido no tempo de Jesus foi o de Herodes e Herodíades. Herodes era casado com uma princesa árabe e a repudiou por ter se apaixonado por Herodíades, sua cunhada. É este comportamento de Herodes que João Batista criticará, lançando-lhe ao rosto a pecha de adúltero. Como se pode ver, mesmo no tempo de Jesus as relações entre homens e mulheres não eram simples, muito pelo contrário.

Mais à frente, Jesus fala da criação da mulher para ser companheira do homem e recomenda: O que Deus uniu o homem não separe. Já vi algumas pessoas favoráveis ao divórcio fazer aqui um discurso sofístico afirmando que o Evangelho diz o que Deus uniu, mas não o que o dinheiro uniu, o interesse uniu, o sexo uniu. Ora, isso é um simples sofisma, uma vez que dinheiro, interesses, sexo podem ser motivo de casamentos, mas não de união verdadeira. Só o amor mútuo pode unir as pessoas.

Aqui, de nosso ponto de vista, devemos buscar uma outra interpretação para o texto evangélico: Deus não uniu o homem à mulher. No ato mítico da criação, a mulher saiu de Adão, logo ela deixa de ser uma com ele e passa a ser um outro ser, havendo no caso uma desunião. Deus não criou a mulher para o homem, pois também se poderia pensar o contrário, o homem foi criado para a mulher, pois a precedência de Adão no ato da criação, é uma exigência de uma cultura patriarcal e não um fato real. A união entre o homem e a mulher, como toda união entre macho e fêmea, na natureza, visa à procriação e à continuidade da espécie e não ao casamento. O casamento é uma instituição humana que visa proteger a mulher, principalmente. Lembremos a frase: Moisés (e não Deus,) permitiu o divórcio pela dureza de vossos corações. Se o casamento fosse uma instituição divina, os celibatários, inclusive os padres, seriam grandes pecadores e a própria Igreja considera a castidade uma virtude.

O verbo unir em grego se escreve *zeugnumi* que significa também juntar, conciliar, aproximar, pôr uma coisa perto de outra. Assim, segundo nos parece, a melhor tradução no caso seria: o que Deus colocou lado a lado, junto, mas não unido. O que a tradução comum sugere é que Deus criou o casamento e por isso ele é indissolúvel, o que é uma tradução favorável ao pensamento católico sobre o casamento.

Os juramentos

> Ouvistes também o que foi dito aos antigos: não perjurarás, mas cumprirás os teus juramentos para com o Senhor. Eu, porém, vos digo: não jureis em hipótese alguma; nem pelo Céu, porque é o trono de Deus; nem pela Terra, porque é o escabelo de meus pés; nem por Jerusalém, porque é a Cidade do Grande Rei; nem jureis por vossa cabeça, porque vós não tendes o poder de tornar um só de vossos cabelos branco ou preto. Seja o vosso sim, sim e o vosso não, não. O que passa disto, vem do maligno.[25]

A primeira parte deste texto reproduz o sentido das proibições de jurar que se encontram no seguinte artigo do Decálogo.

> Não tomarás em falso o nome de Iahweh, teu Deus, porque não deixará sem castigo aquele que toma em falso seu nome.[26]

No livro de Números, lê-se: *Se um homem fizer um voto a Iahweh ou se obrigar por juramento a uma promessa formal,*

25 Mateus V:33-37.
26 Êxodo XX:7. Deuteronômio V:2.

não violará a sua palavra: tudo aquilo que sair de sua boca, executará.[27]

A Lei de Moisés proibia expressamente o juramento falso. Era isso que a Lei previa, entretanto, os rabinos fizeram argumentações das mais sutis para justificar os juramentos. De início, acreditou-se que seria lícito todo juramento que não fosse contrário à verdade. Argumentavam dizendo que o texto do Decálogo proibia o juramento falso, mas não os verdadeiros. Com isso, a casuística dos rabinos criou um grande número de formas de juramento como:

Por Deus (*há'Elohím*). Pelo Céu (*hasshamâim*) tomado como metonímia de Deus. Pelo Templo (*nêikelâ*). Pelo Todo-Poderoso (*Gebûrta*). Pela Lei (*Torah*).

Além disto o judeu jurava que comeria ou não comeria; que comeu ou não comeu, que daria ou não uma determinada coisa a uma outra pessoa; que dormiria ou não e muitas coisas deste tipo.

Em frente a esse desvio da Lei, que descaracterizava a solenidade e importância do juramento, Jesus toma uma atitude corretora. Em primeiro lugar faz uma proibição geral. *Não jureis em hipótese alguma.* Comentando essa passagem, São Jerônimo acha que não foi uma proibição geral, mas referente, apenas, aos juramentos que ele explicita mais à frente. Jerônimo e seus seguidores acreditavam, ainda, que não se encontra, aqui, proibição ao juramento, mas ao perjuro. Essa interpretação é falsa uma vez que Jesus aconselha que, em lugar do juramento, se use a forma concisa: sim, sim, não, não.

Em segundo lugar, destacam-se alguns juramentos mais frequentes que os judeus costumavam fazer. Muitos desses juramentos Jesus condena porque todos eles

---

27 Números XXX:3.

são, em verdade, juramentos religiosos e envolvem a pessoa sagrada de Deus. Vamos ver com mais detalhe esta questão:

- Não jureis pelo céu, pois é o lugar onde Deus habita e onde se encontra o seu trono nem pela terra que é o escabelo de meus pés.

Esta afirmação atribuída a Jesus se encontra no profeta Isaías: *Assim, diz Iahweh: o céu é o meu trono e a terra, o escabelo de meus pés.*[28]

- Nem jurareis por Jerusalém, pois é a cidade do Grande Rei.

A ideia aqui é a de que em Jerusalém ficava o Templo e o templo era a morada de Deus na Terra, o que fazia de Jerusalém uma cidade santa e, por isso, estava vedado jurar por ela.

- Não jureis por vossas cabeças.

Jurar pela cabeça embora possa parecer um juramento laico, em verdade, não o era. A cabeça é parte do corpo humano e o corpo humano é criação de Deus e a Ele deve estar subordinado. É por este motivo que o homem não pode alterar a cor de seus cabelos.

Por fim, Jesus pede aos seus ouvintes que, ao invés de jurarem deveriam usar a expressão: **sim, sim, não, não**. Esta expressão de Jesus não pode ser tomada como uma forma enfática, pois um sim e um não são palavras-frases

---

28 Isaías LXVI:1.

e os outros, predicados. O que significa que tanto o sim e o não sejam plenos, francos e sinceros.

Não dizer sim se, no íntimo, está dizendo não e vice-versa. Tiago compreendeu muito bem estas palavras do Cristo ao escrever:

"Ante todos os irmãos, não jureis nem pelo céu nem pela Terra nem outra espécie de juramento; que vosso sim seja sim e o vosso não, não para que não incorrais em juízo."[29]

Ao terminar, Jesus diz que o que passar disto seria obra do maligno. A palavra usada em grego é **poneron** cujos sentidos são os seguintes: **em mau estado, defeituoso, de má qualidade, mau, perverso, covarde, vil, pernicioso, penoso**. Como substantivo, o **espírito maligno**. A Bíblia de Jerusalém prefere o último sentido mais próximo do pensamento católico-evangélico que tem no diabo o grande tentador, entretanto, poder-se-ia traduzir de outro modo a passagem e se dizer, por exemplo: O que passar disto, é maldade, ou covardia, ou perversidade, vileza.

29 Tiago V:12.

A pena de talião e a moral do Cristo

> Haveis ouvido dizer os antigos: olho por olho, dente por dente. Eu, porém, vos digo. Não resistais ao mal, se alguém vos esbofeteia a face direita, oferecei-lhe a esquerda; e ao que deseja querelar convosco para vos tirar a túnica, dai-lhe também o manto; e se alguém vos pedir que andeis com ele uma milha, ide com ele duas; dai a quem vos pede e não volteis as costas a quem vos pede algo emprestado.[30]

ANTES DE TRAÇARMOS as nossas primeiras considerações sobre este texto, seria interessante explicar em que consiste a chamada pena de talião. A palavra talião não é nome de nenhum legislador antigo, mas deriva de *tálio onis, talionis* e talião. Tálio, por seu turno, deriva do pronome que tem o sentido de igual, semelhante, por isso, por pena de talião vamos entender a pena que consiste em aplicar ao delinquente, um castigo rigorosamente proporcional ao dano por ele praticado. Assim, ao ladrão dever-se-ia amputar-lhe as mãos, ao caluniador, cortar-lhe a língua. Esta prática foi comum ao Direito Antigo e aparece largamente

30 Mateus V:38-42.

aplicado no Código de Hamurabi e no Direito Judaico. No capítulo XXI:23-25 do livro de Êxodo, lê-se: *Mas se houver morte, então darás a vida por vida, olho por olho, dente por dente, mão por mão, pé por pé, queimadura por queimadura, ferida por ferida, golpe por golpe.* Este princípio também aparece na chamada Lei das XII Tábuas, a base do antigo Direito Romano.

Jesus combate francamente a pena de talião. No tempo de Jesus ela havia sido aplacada por uma compensação pecuniária, entretanto, Flávio Josefo, um historiador judeu da época de Jesus, conta que o talião não havia sido eliminado do sistema judaico. Josefo diz que o talião era aplicado se o agredido não aceitasse a compensação em dinheiro. Jesus, portanto, embora esteja falando de práticas muito antigas, fala também ao seu tempo quando essas práticas continuavam, e a todos nós que aplicamos também o talião de um modo mascarado, dito mais civilizado. É muito difícil matar o homem velho que vive em cada um de nós e que geme e uiva exigindo violência em nome da honra e outros valores inventados para justificar o ato violento.

Assim, a primeira exigência de Jesus nesse texto é, sem a menor sombra de dúvida, a proposta mais difícil de todo o Evangelho. Muitas pessoas consideram impossível seguir à risca uma atitude tão passiva com relação às agressões. Expressões cristalizadas em nossas vidas, e em nossa cultura, como ter sangue nas veias; não ter sangue de barata; não levar desaforo para casa; bateu, levou; em cara de homem não se bate e assim por diante, impedem que esse comportamento seja mesmo cogitado. Muitos acreditam que uma afirmação deste tipo é simples utopia, que não possui consistência na prática e se Jesus o realizou em sua vida, seria porque ele era um grande espírito ou o próprio Deus, mas, para homens comuns como nós, isso é impossível.

Quem pensa deste modo, se esquece de um indiano não-cristão chamado Mohandas Karamachand Gandhi, (1869-1948) mais conhecido como Mahatma[31] Gandhi, cujo resumo biográfico tomamos a liberdade de colocar aqui.

Gandhi nasceu na Índia, na região de Porbandar, no Mar da Arábia. Entre 1888 e 1891, estudou Direito em Londres. Em 1893 foi, em missão profissional para a África do Sul e ali permaneceu. Sempre muito ativo. Percebendo as injustiças cometidas pelos ingleses contra os indianos, liderou uma reação contra as medidas restritivas do Império Britânico. Embora fosse contrário à política inglesa para a África do Sul, na guerra dos Boers (1889-1902) e na revolta dos Zulus (1906) organizou corpos de ambulância hindus para atender os feridos.

Quando tomou consciência de que o estado de coisas na África do Sul era insuportável para negros e hindus, Gandhi resolve agir. Lança, então, a política da desobediência civil e da não-violência (*satyagraha*). É exatamente aqui que Gandhi, apesar de ser maometano, cumpriu ao pé da letra a proposta de Jesus no Sermão do Monte com respeito à não-violência. Gandhi, de fato, ofereceu por diversas vezes a face direita a quem lhe esbofeteou a esquerda.

Durante muito tempo, corajosamente, Gandhi enfrentou a intolerância e as mais diversas formas de agressão, até que em 1914, conseguiu a revogação das leis injustas que sufocavam o hindu da África do Sul.

Em 1915, voltou à Índia e decidiu realizar uma atividade política que libertasse seu país do domínio inglês, tarefa considerável, pois, de um lado o gigantesco Império britânico e do outro um homenzinho franzino, sem dinheiro, seminu e o povo que ele liderava.

---

31 Esta palavra significa alma grande.

Em 1919, assumindo a chefia do movimento nacionalista hindu, ordenou a **hartal** ou paralisação geral das atividades por três dias, o que provocou atos de violência nas grandes cidades. Em resposta ao massacre acontecido em Amritsar, Gandhi lançou a política de não-colaboração com os britânicos. Preso, em 1922, foi condenado a seis anos de prisão, mas libertado em 1924 por problemas de saúde. Iniciou, então, um jejum de 21 dias pelo congraçamento entre hindus e muçulmanos. Em 1925 assumiu a Presidência do Congresso Nacional Hindu. Em 1930, Gandhi volta a utilizar a não-obediência civil como arma de luta, comandando o episódio que ficou conhecido como a Marcha do Sal, em desafio ao monopólio deste produto pelos ingleses.

Em 1931, Gandhi participou em Londres de uma mesa redonda que não surtiu maiores resultados práticos. Foi novamente preso ao regressar à Índia, em janeiro de 1932. Em setembro deste mesmo ano iniciou, na prisão, um outro jejum que deveria durar até a sua morte se fosse necessário. Desta vez, o jejum era em favor dos párias, extremamente discriminados na sociedade hindu. Tendo conseguido os seus objetivos, Gandhi interrompeu o jejum no sexto dia. Este jejum passou a ser chamado de jejum épico.

Foi posto em liberdade em 1933. No ano seguinte, renunciou à presidência do Congresso Hindu. Foi novamente preso em 1942, quando preparava uma nova campanha de desobediência civil e, em 1943 voltou a fazer jejum como protesto contra a acusação de provocar motins. Foi liberado em 1944.

Obtida a independência da Índia em 1947, Gandhi esforçou-se por apaziguar os distúrbios entre hindus e muçulmanos e, em janeiro de 1948, voltou a jejuar e este jejum quase lhe custou a vida. No dia 30 de janeiro de 1948 foi assassinado por um fanático.

A vida de luta de Mahatma Gandhi prova à sociedade que Jesus não fez, no Sermão do Monte, uma proposta utópica. Sim. A não-violência não é utopia, mas a verdadeira forma de combater a violência. É difícil, muito difícil para nós espíritos imperfeitos, presos de preconceitos milenares, tornar a não-violência uma prática diária e isso não quer dizer que não devamos tentar. Por certo não o faremos de um modo tão completo e perfeito como o fizeram Jesus e Gandhi, porém, a simples tentativa de pôr em prática este comportamento nos fará menos violentos e isso já seria um grande progresso. O que não se pode é responder à violência com mais violência, pois esta é uma prática que não tem dado certo e jamais conseguirá bons resultados.

Em segundo lugar, Jesus faz uma nova proposta derivada da primeira. Nesta, ele pede que abramos mão das coisas materiais que possuímos: *se alguém te tira a túnica, dá-lhe também o manto* e pede que sejamos capazes de dar sempre mais do que nos é pedido: *se alguém te pede para caminhar uma milha, caminha com ele duas. Dá a quem pede e não voltes as costas a quem te pede emprestado.*

Aqui esta uma nova regra muito difícil de ser cumprida, pois ainda não aprendemos abrir mão das coisas que possuímos em favor do próximo. Em nossa ânsia de ter, acabamos nos confundindo com os objetos que possuímos e, muitas vezes, dar algo de nós, causa uma dor muito grande como se déssemos uma parte de nós mesmos. Nem mesmo dar o nosso tempo ou o nosso esforço, como no caso de andar um pouco mais do que o que nos foi pedido, é tarefa simples para a maioria das pessoas.

O amor aos inimigos

> Haveis ouvido o que foi dito aos antigos: amarás a teu próximo e aborrecerás o teu inimigo. Eu, porém, vos digo: amai a vossos inimigos e orai pelos que vos perseguem, para que possais ser filhos de vosso Pai, que está no céu e que faz o sol aquecer os justos e os injustos, pois se amardes apenas os que vos amarem, que recompensa podereis ter? Não fazem isso também os publicanos? E se saudais apenas os vossos irmãos que fazeis de mais? Não fazem isso também os gentios? Sede pois perfeitos como perfeito é o vosso Pai Celestial.[32]

O ESPÍRITO DA primeira parte da frase de Jesus encontra-se no Levítico: Não te vingarás e não guardarás rancor contra os filhos de teu povo. *Amarás ao teu próximo como a ti mesmo. Eu sou Iahweh.*[33] A segunda parte, aborrecerás teu inimigo não aparece formulada assim nem na Lei nem em outro qualquer texto bíblico.

Na Lei de Moisés, se aconselha o amor ao próximo, entretanto, esse próximo é um outro judeu. É verdade também que, em algumas passagens se manda amar o estrangeiro (Lev. XIX:

32 Mateus V:43-48.
33 Levítico XIX:18.

34), mas este estrangeiro é o peregrino, não é o simples homem que passa por uma comunidade judaica, mas o adventício que se incorporou à comunidade e que vive entre os judeus.

Em outros textos, a Lei manda que se exterminem diversos povos idólatras como: os amalecitas, os amonitas, moabitas , madianitas e cananeus. Em Números, encontra-se a seguinte passagem:

> 13. Moisés, Eleazar, o sacerdote e todos os príncipes da comunidade saíram do acampamento ao encontro deles.
>
> 14. Moisés indignou-se contra os comandantes das forças; chefes de milhares e chefes de centenas, que voltavam desta expedição guerreira.
>
> 15. Disse-lhes: Por que deixaste com vida todas essas mulheres?
>
> 16. Foram elas que, por conselho de Balaão, se tornaram para os filhos de Israel a causa da infidelidade a Iahweh, no caso de Fegor: daí a praga que veio sobre toda a comunidade de Iahweh.
>
> 17. Matai, portanto, todas as crianças de sexo masculino. Matai também todas as mulheres que conhecem varão, coabitando com ele.
>
> 18. Não conserveis com vida senão as meninas que ainda não coabitaram com homem (virgens) e elas serão vossas.
>
> 19. Quanto a vós, ficai durante sete dias fora do acampamento, todos vós que tendes matado alguém ou tocado um cadáver. Purificai-vos, vós e vossos prisioneiros, no terceiro e no sétimo dia.
>
> 20. Purificai também todas as roupas, todos os objetos de couro, todos os tecidos de pelo de cabra, todos os objetos de madeira.

Esta passagem nos parece suficiente para mostrar que Iahweh e Moisés não tratavam com amor os inimigos, muito pelo contrário. O texto, em sua crueza, revela-nos que, com a cumplicidade de Deus, Moisés mandou matar mulheres, crianças e ainda ordenou que as meninas virgens fossem entregues aos guerreiros israelitas para que delas fizessem o uso que melhor lhes aprouvesse. Tratando deste assunto, escreve Manuel de Tuya:

- A literatura rabínica mostra bem o ambiente em que as palavras de Jesus foram ditas. Assim se lê, comentando o Levítico (XIX:18): amarás teu próximo, não a outro (estrangeiro); amarás o próximo, mas não os samaritanos, alienígenas, prosélitos (não conversos). Por isso, do estudo da literatura rabínica a este propósito, Strack e Billerbeck resumem, assim, as suas conclusões: a Sinagoga, no tempo de Jesus, entendia a noção de próximo e um sentido tão estreito, como no A.T. só o israelita era próximo; ou outros, ou seja, os não-judeus, não estavam perfilhados por este conceito. Assim admite-se que as palavras de Jesus deveriam ser, naquela época um tipo de máxima bastante popular com a qual concordavam os israelitas de um modo geral qual pautavam suas vidas por meio desta máxima. Na Mihsna se lê: Estes dois mandamentos se referem ao povo de Israel, porém, tu podes exercer a vingança e o rancor contra os outros (os estrangeiros).[34]

A inovação ou aperfeiçoamento desta regra feita por Jesus consiste em estender o amor ao próximo ao gentio, ou seja, ao não-judeu. Jesus quer que entre as criaturas em

34 Tuya, *A Bíblia comentada*. V. Os Evangelhos. P. 125.

geral haja amor e, assim, um judeu deveria amar um romano e um romano, um judeu, entretanto, a discriminação ao gentio era tão arraigada que os judeus mais conservadores e radicais, não conseguiram, e até hoje não conseguem, ver o gentio de um modo mais amoroso.

Em continuidade, Jesus diz qual a consequência do amor ao próximo: "para que sejais filhos de Vosso Pai Celeste". Jesus compara o amor de Deus ao sol e à chuva que tratam do mesmo modo o justo e o injusto sem discriminá-los. Deus ama a todos do mesmo modo, os opressores e oprimidos. Jesus veio para fazer uma revolução moral no planeta e não apenas no seio do povo de Israel. Com isso, a ideia de amar os inimigos ganha uma dimensão tão nova e significativa, como não houve antes em qualquer das culturas que antecederam Jesus e até hoje ainda não se impôs; e o que é mais grave, entre os que se dizem cristãos esta regra está longe de ser vivida.

O amor ao próximo é uma forma de participação no amor do Pai. O dia em que pudermos amar verdadeiramente o nosso vizinho, seja ele bom ou mau, amigo ou inimigo, teremos conseguido uma participação íntima com o Pai, participação esta que se encontra expressa na frase "Filhos de vosso Pai que está nos céus". Por outro lado, quanto menor for a nossa capacidade de amar indistintamente, mais longe estaremos desta união com o Pai.

Por fim, Jesus fala do conceito de ser um cristão de qualidade: Se amais apenas os que vos amam; se saudais apenas os vossos irmãos que mérito pode existir nisto? Esses comportamentos são praticados pelos gentios e pelas pessoas de má fama como os publicanos. O cristão tem de ser diferente, tem de ir além daquilo que fazem todos os homens para que possam ser chamados filhos de Deus.

A doutrina da reta intenção

> Guardai-vos de praticar a vossa justiça diante dos homens para serdes vistos por eles. Do contrário, não recebereis recompensa junto a vosso Pai que está nos Céus. Por isso quando derdes esmola, não vos ponhais a trombetear em público, como fazem os hipócritas nas sinagogas e nas ruas, com o propósito de serem glorificados pelos homens. Em verdade, vos digo: já receberam a sua recompensa. Vós, porém, quando derdes esmola, não saiba a vossa mão esquerda o que faz a vossa direita, para que a tua esmola fique em segredo; e o vosso Pai, que vê no segredo, vos recompense.[35]

O PRIMEIRO VERSÍCULO deste capítulo é o ponto fundamental dele. Jesus pede ao candidato ao Reino de Deus que não faça o bem por ostentação, por vaidade, com o objetivo de receber o aplauso dos homens como era uma prática da maioria dos fariseus. Há neste trecho uma palavra que merece uma explicação, refiro-me ao termo justiça. No texto grego, a palavra usada é **dikaiosyne** que corresponde ao hebreu, **tsedaqah** que significa justiça, entretanto, no tempo de Jesus, e também bem antes dele, esta palavra queria

35 Mateus VI:1-4.

dizer esmola. No evangelho, porém, a expressão, "Vossa Justiça" significa conduta moral daqueles que pretendem seguir Jesus.

O que importa aqui, contudo, é, especificamente, o modo de praticar as boas obras. Se um homem faz o bem para que todos o vejam e o glorifiquem, nada deve esperar de Deus, uma vez que já recebeu o que desejava: o aplauso do mundo. O bem deve ser feito pelo bem, pois é bom ser bom.

Jesus, em continuidade, fala da esmola que é uma prática recomendada em vários livros do *Velho Testamento* como: Provérbios: II:27; XIX:17; XXI:13; XXVIII:27; Tobias IV:7 entre outros. A esmola é de tal modo o predicado do homem justo que justiça e esmola se tornaram sinônimos. Também na literatura talmúdica, a esmola aparece em lugar de destaque.

Para Jesus, entretanto, não bastava apenas dar esmolas ainda que com prodigalidade, é necessário além da esmola, uma conduta discreta, de modo que os homens não vejam a sua boa ação. O ato de dar esmola passa a ser um momento especial entre o homem e Deus e o Senhor, que tudo vê, verá a esmola secreta e recompensará o doador.

A frase "ir tocando trombeta diante de ti para apregoar a esmola", é muito rara na literatura judaica, embora se saiba do uso de trombetas por parte do **hazzan**, ministro da sinagoga que tocava trombeta de um lugar alto da sinagoga a fim de anunciar o começo do sabá. Esta metáfora toma em Jesus um sentido particular e as trombetas se tornam instrumentos de autopromoção do homem que dá esmolas. Os trombeteadores agem como se dissessem ao mundo: vejam como eu sou bondoso. Corram todos aqui e venham me ver a dar esmolas.

Jesus quer a esmola secreta e usa a frase: *dar com a mão*

direita sem que a esquerda saiba. Esta frase também é desconhecida, pois não aparece nem no Talmude nem na linguagem popular. Deve ser uma expressão cunhada pelo próprio Cristo. As duas mãos, direita e esquerda, estão muito próximas e seria quase impossível que, personificando-as, elas não pudessem ver o que faz cada uma delas. Com essa figura, Jesus quer mostrar, portanto, o quanto deve ser secreto o ato da esmola.

O modelo de prece dado por Jesus

E, quando orardes, não sejais como os hipócritas, porque eles gostam de fazer orações, pondo-se de pé, nas sinagogas e nas esquinas a fim de serem vistos pelos homens. Em verdade, vos digo: já receberam a sua recompensa. Vós, entretanto, quando orardes, entrai no vosso quarto e, fechando a vossa porta, orai ao vosso Pai que está lá, no segredo; e o Pai que vê no segredo, vos recompensará. Nas vossas orações não useis de vãs repetições, como os gentios, porque imaginam que é pelo palavreado excessivo que serão ouvidos. Não sejais como eles porque vosso Pai sabe de vossas necessidades antes que lhe chegue o pedido. Portanto, orai deste modo:

Pai Nosso que estás nos céus
Santificado seja o teu nome
Venha nós o teu reino,
Seja feita a tua vontade
Assim na terra como no céu.
O Pão nosso de cada dia
Dá-nos hoje.
Perdoa as nossas dívidas

Assim como perdoamos
Aos nossos devedores
Não nos deixes cair em tentação
Mas livra-nos do mal.

> Pois, se perdoardes aos homens os seus delitos, também o vosso Pai celeste vos perdoará; mas se não perdoardes aos homens, o vosso Pai também não perdoará o vosso delito.[36]

Conforme a prática comum no judaísmo, todo israelita piedoso tinha a obrigação de orar três vezes por dia: Na hora terceira, hora do sacrifício matutino, às 9 horas da manhã; outra prece era feita na hora sexta, mais ou menos ao meio dia e a terceira à hora nona cerca de três horas da tarde, hora do sacrifício vespertino. Em geral se orava de pé, mas também havia os que oravam de joelhos. Feltem, em sua *Storia Del Tempo do Novo Testamento,* diz que era costume orar com os braços estendidos para o céu e as palmas das mãos voltadas para cima.

Havia, porém, alguns fariseus que oravam ostensivamente, com escândalo para aparentar a sua fé e o quanto eram piedosos. Estes oravam nas sinagogas, mas também na rua ao ar livre, ou seja, em lugares públicos onde todos podiam vê-los rezar. Jesus descreve esta prática hipócrita, dizendo: *não sejais como os hipócritas que gostam de orar de pé nas sinagogas.* Esta tradução merece alguns comentários. Não se pode aceitar que Jesus criticasse esta posição para orar quando era esta a posição comum aos judeus. No Evangelho de Marcos, Jesus diz: "quando te puseres de pé para orar" (Mc. II:25). Assim, podemos estar certos de que

36 Mateus VI:5-15.

o que censura não é o fato de estar de pé mas o modo exibicionista como se ficava nesta posição. A melhor tradução seria: *quando fordes orar, não sejais como os hipócritas que oram com pose*.

Como no caso da esmola, as pessoas que oram de forma exibicionista já receberam a sua recompensa, isto é, o aplauso dos homens, pois era isto que eles queriam ao se comportar de um modo tão pouco discreto.

Jesus fala também da oração com muitas palavras, ou seja, da oração empolada em que a pessoa que ora parece interessada em exibir cultura geral ou dotes poéticos e enche a sua prece de chavões e lugares comuns. Usa determinados nomes para Deus como Grande Foco, Luz do Universo, Fundamento de Toda a Vida, Grande Arquiteto e outras perífrases semelhantes. Costumam ainda, essas pessoas, introduzir nas preces convencionais, como o Pai Nosso, palavras e frases que ali não estão. Como diz Jesus, esses religiosos imaginam que a forma da oração possa influenciar na graça de Deus.

Os apóstolos, vendo Jesus falar assim, pedem a ele que lhes dê um modelo de prece. Ele lhes oferece a prece que ficou conhecida pela locução inicial: "Pai Nosso." Sobre esta prece, vamos fazer algumas considerações.

Para ser coerente com o que havia dito, o modelo apresentado no Evangelho de Mateus é bastante sintético e, em Lucas, é menor ainda. Por este motivo, muitos estudiosos acreditam que a forma de Lucas é mais antiga, sendo a de Mateus uma ampliação desta.

Uma leitura mais profunda do texto do Pai Nosso nos leva a descobrir nele alguns elementos afins com a literatura judaica, mesmo assim, esta prece possui grande originalidade, não só porque estrutura organicamente o que se encontra disperso na literatura dos judeus, como pelo fato de que Jesus, retomando essas expressões tradicionais, as amplia e lhes dá um novo matiz.

Vejamos, pois, como o Pai Nosso se relaciona com a literatura judaica. Strack e Billebec, notáveis estudiosos dos Evangelhos, citados por C. T. Pastorino (op cit.p.160) assim colocam a questão:

- A primeira parte se encontra na chamada oração dos rabinos. Quando um desses mestres de Israel oravam, costumavam abrir suas preces do seguinte modo: Nosso Pai que estás nos céus que o teu nome seja louvado por toda a Eternidade ou nosso Pai que estais nos céus, fazei-nos misericórdia pelo amor de vosso grande nome que é invocado por nós.
- Como vimos há pouco os judeus possuíam três orações obrigatórias. Nessas orações cotidianas (No *Qaddich*[37]) era comum dizer-se seja santificado o teu grande nome.
- A terceira frase: venha a nós o teu Reino aparece com frequência nas preces dos rabinos da seguinte forma: Que o Reino de Deus se manifeste ou apareça e reine sobre nós...
- Conta-se que o Rabino Eleazar quando orava dizia: Faze a tua vontade no céu, no alto e dá tranquila coragem aos que te temem na Terra, e fazem o que é agradável a teus olhos.
- No livro de Provérbios (XXX:8), há o seguinte pedido: Não me dê pobreza ou riqueza, mas o pão necessário.

---

37 Esta palavra significa santo. Chamava-se *Kadish* a oração em aramaico citada pelo Shazan para assinalar o fim de uma seção de liturgia e pelos cultuantes depois da morte de um parente.

No *targum*[38] há uma frase semelhante: dá-me o pão que me baste.

- Na sexta bênção do **Chêmonê-esrê**, encontramos Perdoa-nos nosso Pai porque pecamos contra ti e também em **Albina makênu** encontramos a informação de que o Rabi Aquiba dizia ao orar: Nosso Pai, nosso Rei perdoa e resgata todas as nossas faltas.
- No *Livro da Sabedoria* ou *Eclesiastes* (XXVII:2) existe a seguinte frase: Perdoa ao próximo a sua injustiça e, então, se orares, teus erros serão perdoados.
- Na chamada oração da tarde temos a seguinte sentença: Não nos conduza ao poder do erro, nem ao poder da tentação, nem ao poder da traição.
- Na bênção do **Berakkoth** está a frase do Pai Nosso: "seja feita a sua vontade, Iahweh, nosso Deus, nosso Pai, salve-nos do homem mau, do mau encontro, da força má, do mau companheiro, do mau vizinho, do adversário, do corruptor, do julgamento rigoroso, dos maus adversários no tribunal.

Visto esses primeiros aspectos, podemos, em seguida, conhecer a estrutura do Pai Nosso.

O Pai Nosso possui três partes distintas e facilmente reconhecíveis. Abre-se com uma invocação muito semelhante à **captacio benevolentiae** muito comum à retórica clássica. Seguem-se três pedidos espirituais e quatro solicitações que dizem respeito às necessidades materiais do homem.

---

38 A palavra *targum* é aramaica e significa tradução da Bíblia com comentários. Assim, quando se fala em *targum* de Miqueias ou de Ruthe está falando-se em traduções desses livros.

A invocação

A PRIMEIRA PALAVRA utilizada por Jesus é Pai que, como vimos, era usada em outros contextos da vida religiosa. A palavra *Pater*, usada com a mesma grafia tanto em grego como em latim possui mais de um significado. Vejamos quais:

- Aquele que possui filhos.
- O chefe de uma família.
- O fundador de um povo. Nesse sentido Abraão é considerado e chamado o pai ou patriarca dos judeus.
- Base ou sustentação de alguma coisa.
- Origem de algo.
- Criador de alguma coisa. Nesse sentido Heródoto foi chamado de o pai da História e Tales, o da Filosofia.
- Provedor de.

Como essa palavra foi usada nos Evangelhos por Jesus? Tenho a impressão de que todos esses sentidos podem ser adequados a este caso, entretanto, os mais interessantes seriam o primeiro e o segundo. Ao chamar Deus de Pai e os homens de Seus filhos, Jesus endossa a noção da família universal. Nesses sentidos, ainda, é que se pode introduzir o conceito de amor nas relações entre os homens e Deus.

Se Jesus houvesse usado as palavras Rei e Senhor estaria enfatizando a autoridade divina, mas não o amor. Assim, o conceito de Pai em Jesus é o de um compromisso entre Deus e os homens, um compromisso amoroso de ambas as partes. Deus nos ama como Seus filhos, então nós devemos amá-Lo como um Pai.

Em continuidade, Jesus diz que este Pai está nos céus. Na versão grega a palavra céu é **Ouranos** que é também o nome de um deus na mitologia helênica e a palavra hebraica equivalente é **shamaim**. Ambas as palavras, entretanto, não têm o sentido vulgar com que denominamos o céu. Elas denominam a atmosfera que envolve a Terra. Nesse sentido, Deus pode estar em todos os lugares ao mesmo tempo. N'Ele estamos envolvidos, vivemos e respiramos.

Foi a religião católica que, seguindo modelos mitológicos criou o céu como uma espécie de castelo, cujos fundamentos estão no ar e onde habita Deus, sentado como um rei em seu trono com Jesus, Seu único filho, sentado na sua direita, tendo como servidores os anjos, seres perfeitíssimos por Ele criados nos tempos das origens. Esta noção, portanto, não deriva de Jesus e, por certo, não era isso que ele estava dizendo.

Santificado seja o Teu nome

DESDE O ANTIGO Egito, o nome representa a essência do ser e faz parte da economia anímica. Entre os judeus isso não era diferente. Santificado é um adjetivo que qualifica vosso nome. A palavra hebraica usada para expressar santo ou sagrado é **Kadosh** que significa, separado. Em o Novo Testamento esta palavra aparece em grego na forma **ágios**. Empregada para designar coisas, ou coisas destinadas ao uso sagrado assim como os dias reservados ao serviço religioso.

Dessa forma, o nome de Deus é sagrado, ou separado e nenhum outro nome pode ser igual a ele, daí o mandamento de não pronunciá-lo em vão. Sendo o nome uma espécie de alma das coisas ou sua manifestação externa, pronunciar com devoção o nome de Deus é trazê-Lo à ordem natural. Lembra Gregório de Nissa (331-396) que o homem, santificando-se, santifica o nome de Deus. Assim a expressão *santificado seja o Teu nome, é um convite a própria santificação.*

Venha a nós o Teu reino

NÃO ME PARECE que Jesus esteja falando de um reino político ou uma teocracia ainda que fosse semelhante à teocracia primitiva de Israel. A nós nos parece que o Reino de Deus significa um estado de espírito, um modo de estar no mundo marcado pela obediência a Deus em todos os sentidos, que traz para o homem a paz que tanto almeja. Este é o verdadeiro Reino do Messias. Quando se ora, portanto, pede-se a Deus o Seu reino, ou seja, que a Sua paz chegue até nós e nos envolva.

Seja feita a Tua vontade assim na Terra como no céu

NO MUNDO EXISTEM duas vontades: a vontade de Deus e a vontade dos homens. A primeira é a vontade superior, a vontade que regula o Universo e o faz ser perfeito. A segunda, a nossa, é a vontade menor, prepotente, egoística, menor que, não raro, nos causa grandes prejuízos quando nos guiamos por ela sem saber o quanto ela pode ser perigosa para nosso progresso espiritual. A vontade divina deve prevalecer no mundo material e no espiritual, pois é ela que dá sentido ao Universo, um sentido que, nem sempre, o homem compreende. Jesus exemplifica este ponto de vista enquanto, antes do grande sacrifício, orava. Pede ao Pai que afaste dele o cálice da dor como se lê no capítulo XXII do Evangelho de Mateus:

> E indo um pouco mais adiante prostrou-se com o rosto em terra e orou: Meu Pai, se possível, afasta de mim este cálice; contudo não seja como eu quero, mas conforme a Tua vontade.[39]

---

39 Mateus XXVI:74-75.

O pão nosso de cada dia nos dá hoje

ESTA PASSAGEM TEM sido causa de algumas discussões. A expressão pão nosso de cada dia que foi traduzida por nossa alimentação cotidiana, considerando pão = alimento, uma forma de metonímia em que se toma a parte (pão) pelo todo (alimento). Assim o que Jesus nos aconselha a pedir é o alimento do dia seguinte. Essa tradução entra em choque com uma outra passagem em que Jesus desaconselha a preocupação com o que se há de comer:

> Não haveis de vos preocupar com a vossa vida quanto ao que haveis de comer, nem o vosso corpo quanto o que haveis de vestir.[40]

Por este motivo, muitos dos padres antigos como Orígenes, Jerônimo, Cipriano e Agostinho acreditavam que o pão de que Jesus falava, era um alimento sobre-substancial, cuja natureza seria muito mais espiritual que material.

40 Mateus VI:25.

Perdoa as nossas dívidas assim como perdoamos os nossos devedores

HÁ AQUI UMA ideia fundamental. Só podemos ser perdoados se aprendermos a perdoar. Sem ter perdoado o nosso próximo, não podemos receber o perdão de Deus. E por quê? Não é tão difícil compreender. Vejamos. Se uma pessoa não conseguiu perdoar um seu ofensor é porque guarda no coração, contra ele, uma forte hostilidade. Essa hostilidade que, em, alguns casos, toma a forma de ódio, age como um poluente dos sentimentos e impede que a luz de Deus, que é a vibração mais pura, penetre-lhe na alma. Não que Deus seja incapaz de mudar as nossas disposições íntimas. Claro que Ele pode, mas, se Ele o fizer, estará influindo em nosso livre-arbítrio e a mudança será por obra d'Ele e não da pessoa e, sendo assim, qual seria o mérito de quem perdoou, não por uma disposição pessoal, mas pela ação da divindade?

Não nos induzas em tentação

EM ALGUMAS VERSÕES do Pai Nosso encontramos esta frase como: *Não nos deixeis cair em tentação.* Na Vulgata esta frase seria: *Não nos induzais à tentação.* Em grego, neste trecho, foi usado o conjuntivo aoristo **eisenégkêis**, derivado de **eisphérô** que significa levar para dentro ou induzir. A segunda palavra, traduzida por tentação, **peirasmos**, seria mais bem traduzida como exame, prova, teste, experimentação. Assim, ao que parece, Jesus nos aconselha a pedir a Deus com humildade que não sejamos testados em uma prova que, por certo, poderá ser motivo de nossa queda. Este pedido nos mostra a necessidade de não sermos arrogantes, julgando que somos capazes de realizar o que não podemos. Fica também claro que Deus não nos induz ao mal, mas nos submete a provas, às vezes duras, mas necessárias ao nosso progresso.

Mas, livra-nos do mal

AQUI O GENITIVO grego **poneroú** possui dupla possibilidade de interpretação. Pode ser lido como masculino, significando **do mau (homens maus) ou** de forma neutra com o sentido de **do mal**. O leitor, neste caso, tem a possibilidade de ler de um modo ou de outro, sem grande prejuízo para o total do texto. Quando Jesus viveu a sua paixão, poderia ter reagido contra o mal que lhe faziam, mas não o fez. Suportou tudo com incrível estoicismo. Nós, espíritos imperfeitos, porém, não temos a elevação de Jesus ainda e estamos muito longe de suportar o que ele suportou, do modo como suportou. É por isso que Jesus nos sugere que peçamos ao Pai que nos proteja do mal que os homens nos podem fazer.

Do jejum

> Quando jejuardes não deveis tomar o ar sombrio como os hipócritas que desfiguram seus rostos para que seu jejum seja percebido pelos homens. Em verdade, vos digo que já receberam a sua recompensa. Vós, porém, quando jejuardes, ungi vossa cabeça e lavai vosso rosto para que os homens não percebam que estais jejuando, mas apenas vosso Pai, que está no segredo; e o vosso Pai que vê em segredo, vos recompensará.[41]

OS JUDEUS POSSUÍAM um jejum obrigatório e geral. Era o dia do **Quippur**, dia da grande expiação que se encontra no Levítico (XVI:9). Havia, entretanto, outros jejuns que vieram a se incorporar na vida religiosa de Israel. O profeta Zacarias menciona quatro destes jejuns:

> Assim, disse Iahweh dos Exércitos. O jejum do quarto mês; o jejum do quinto mês; o jejum do sétimo mês e o jejum do décimo serão para a casa de Judá motivo de alegria, contentamento e felizes dias de festa. Mas amai a fidelidade e a paz![42]

41 Mateus VI:16-18.
42 Zacarias IX:19.

Este jejum de que nos fala o profeta Zacarias foi abolido, mas logo substituído por outros. No livro de Ester também há referência a um jejum:

> A rainha Ester, filha de Abigail, escreveu com toda a autoridade para dar força de lei a esta segunda carta, e mandou enviar cartas a todos os judeus das 127 províncias do reino de Assuero com palavras de paz e fidelidade, para lhes prescrever a observância desses dias dos Purim em sua data como lhes tinha ordenado o judeu Mardoqueu e como ele mesmo já o tinha estabelecido para si e sua raça, acrescentando cláusulas de jejum e lamentações. Assim o decreto de Ester fixou a lei aos Purim e foi escrito em um livro.[43]

Neste texto, Jesus retoma um tema muito caro a ele no Sermão do Monte: o exibicionismo. Jesus insiste na discrição, no anonimato de certos atos religiosos que só interessam a homem religioso e a Deus. Assim, o verdadeiro cristão é discreto e não faz alarde de suas qualidades morais ou materiais. O verdadeiro cristão faz o bem como uma prática de vida. Não faz o bem para mostrar que é bom, mas o faz porque se sensibiliza ou se condói com a dor humana ou mesmo dos animais. Do mesmo modo age no caso do jejum que é feito por ele como uma prática saudável do ponto de vista espiritual e mesmo físico e não como uma exibição de uma possível virtude.

---

43 Ester V:29-32.

O homem e os bens materiais

> Não ajunteis para vós tesouros na Terra onde a traça e o caruncho os corroem, onde os ladrões arrombam e roubam, mas ajuntai para vós tesouros no céu onde nem a traça, nem o caruncho corroem e onde os ladrões não arrombam nem roubam, pois, onde está o teu tesouro, ali está também o teu coração.[44]

POR QUE JESUS fala em guardar ou acumular tesouros na Terra? Porque acumular bens materiais era uma prática muito comum aos judeus da época de Jesus. Nas casas palestinas e mesmo na Galileia, as pessoas possuíam cofres, caixas e arcas onde guardavam telas, trajes, tecidos finos e, em lugares ocultos nas casas, dissimulados por diversos artifícios escondiam-se joias e moedas de ouro. Sob a terra guardavam valiosos jarros de cerâmica com tecido, moedas, grãos etc. Com a descoberta de **Qunram** no Mar Morto, ficou claro que esta era uma atitude muito comum aos judeus.

É claro que os tesouros guardados deste modo, com o tempo, apodreciam por causa da umidade. No caso dos tecidos, havia o ataque das traças ou do mofo e os metais

44 Mateus VI:19-21.

eram atacados pela ferrugem. Além dessas ameaças, havia os ladrões que arrombavam as casas e roubavam o que podiam. A palavra usada para arrombar era **horadan** que significa aquele que perfura. As casas em Israel eram muito frágeis com paredes de adobe* que os ladrões furavam com facilidade, entrando na casa.

As pessoas que estavam ali ouvindo Jesus tinham inteiro conhecimento do que ele dizia; de repente, como se soubesse o que o seu auditório pensava, Jesus começa a falar de uma outra espécie de tesouro, do tesouro espiritual que os ladrões não cobiçam nem as traças corroem ou a ferrugem consome. Que tesouro é este? Por certo ele se referia às riquezas como o amor, a generosidade, a bondade, a humildade, a pureza do coração, o conhecimento intelectual e, muito provavelmente as faculdades mediúnicas.

Jesus termina com uma sentença interessante: onde estiver o teu tesouro, ali estará o teu coração. Para se entender melhor esta frase, seria interessante lembrar o lugar que o coração ocupava na psicologia antiga. Entre os judeus, por exemplo, o coração designava a inteligência, a vontade, a liberdade e a conduta moral do homem; em resumo, o coração era, por assim dizer, o centro da vida emocional e intelectual do ser humano. Assim, onde estiver o interesse do homem (o seu tesouro) ali estará o espírito deste.

---

* **Nota do Editor:** adobe: a terra é umedecida e colocada numa forma, onde secará por algumas horas antes da desforma. Dependendo da composição do solo, podem ser adicionados aglutinantes como capim, palha ou cal. O adobe e a taipa de pilão são mais utilizados em paredes estruturais e externas.

Olho é a lâmpada do corpo

> A lâmpada do corpo é o olho. Portanto, se o teu olho estiver são, todo o teu corpo será iluminado, mas se os teus olhos estão doentes, todo teu corpo ficará escuro. Pois se a luz que há em ti são trevas, quão grandes serão as trevas.

ESTA AFIRMAÇÃO DE Jesus se encontra descontextualizada aqui. Trata-se de uma metáfora onde o olho é comparado com uma lâmpada. Como a lâmpada ilumina a casa, o olho ilumina o corpo, que é a casa do espírito. Se a lâmpada da casa funciona bem, a sala e os outros cômodos estarão claros; em caso contrário, a escuridão domina todo o ambiente. Passemos isso para a conotação (lâmpada=olho) e nesse caso, a lâmpada pode ser também boa ou má. Quando Jesus diz: "quando teus olhos são puros todo teu corpo é luz", leva-nos a imaginar o contrário: quando teus olhos não são puros todo teu corpo é treva.

O povo costuma dizer que os olhos são o espelho da alma e não deixa de ter razão. O olhar revela a interioridade do seu dono. Há olhares de ódio, de ternura, de nojo, de súplica, de humildade, de erotismo, de zombaria ou sarcasmo, de orgulho ou vaidade e assim por diante. Aqui temos de fazer uma consideração: não é o olho que é puro ou impuro, mas o olhar. Considero diferente o olho do olhar.

O olho é um órgão do corpo humano, um fato biológico e o olhar é o modo como o espírito se utiliza do olho. Se o espírito é puro e inocente, o olhar dele não nos incomoda, mas, se ao contrário, trata-se de um espírito pouco evoluído, o seu olhar causa, às vezes, um profundo mal-estar, pois se encontra saturado de energias negativas. São as chamadas pessoas de olho mau, os seca-pimenteira como o povo diz. À medida, porém, que o espírito evolui, o olhar muda porque ele mudou e o olhar é a expressão do interior de cada um de nós.

Deus e o dinheiro

> Ninguém pode servir a dois senhores ao mesmo tempo. Com efeito ou odiará um e amará o outro, ou se apegará ao primeiro e desprezará o segundo. Não podeis servir a Deus e ao dinheiro.[45]

ESTA PASSAGEM DIZ respeito à inteireza. Um homem, na verdadeira acepção desta palavra, não pode se dar pela metade. Este tipo de homem se dá inteiro, completo ao objeto de seu amor ou não se dá. Os grandes homens jamais temeram entregar-se com ardor e completude à causa que abraçaram e o próprio Jesus é o melhor exemplo desta forma de entrega. O amor exige esta entrega total para ser verdadeiro e íntegro, daí a frase de Jesus.

45 Mateus VI:23.

Confiança na Providência Divina

Por isso vos digo: não vos preocupeis com vossa vida quanto ao que haveis de comer, nem com vosso corpo quanto ao que haveis de vestir. Não é a vida mais que o alimento e o corpo mais que a roupa? Olhai as aves do céu: não semeiam nem colhem, nem ajuntam em celeiros. E, no entanto, vosso Pai celeste as alimenta. Não valeis mais do que elas? E com a roupa, por que andais preocupados? Aprendei com os lírios do campo, como crescem e não trabalham nem fiam. E, no entanto, eu vos asseguro que nem Salomão, em toda a sua glória, se vestiu como um deles. Ora, se Deus veste assim a erva do campo, que existe hoje e amanhã será lançada ao forno, não faria Ele muito mais por vós, homens fracos na fé? Por isso não andeis preocupados, dizendo: Que iremos comer? Ou que iremos beber? Ou que iremos vestir?

De fato, são os gentios que estão à procura de tudo isso. O vosso Pai celeste sabe que tendes necessidade de todas essas coisas. Buscai, em primeiro lugar, o Reino de Deus e a Sua justiça, e todas essas coisas vos virão por acréscimo. Não vos preocupeis, portanto, com o dia de amanhã, pois o dia de amanhã se preocupará consigo mesmo. A cada dia, basta o seu mal.[46]

46 Mateus VI:25-34.

Este é, sem maiores dúvidas um dos textos mais belos dos Evangelhos e um dos que as pessoas levam menos a sério. Todos nós sabemos que todos os dias temos de comer, beber e nos vestir e isso custa dinheiro e dinheiro se ganha com trabalho; logo é justo que nos preocupemos com o dia de amanhã. Jesus, porém, desaconselha essa preocupação quando ela se torna excessiva e é resultante da falta de fé. Ora, ou nós acreditamos que Deus existe e vela por nós e não nos preocupamos, ou temos dúvidas de que Deus se preocupe conosco ainda que possa existir. Então, Jesus mostra com lógica rigorosa que, quem se preocupa com o menos, também se preocupará com o mais. Ora, se Deus alimenta as aves e veste os lírios por que não faria o mesmo com o homem?

Um outro problema criado por nós que diz respeito a esta passagem é a tendência a acumular coisas. Sob a alegação de que devemos ser previdentes, pessoas existem que fazem grandes fortunas e passam a ter muito mais do que necessitam. Há aqueles que possuem vários automóveis, muitas casas, enormes guarda-vestidos, somas incalculáveis de dinheiro que uma vida é pouco para gastar todo esse tesouro acumulado. Assim gastam suas vidas procurando por meios lícitos (trabalho) e por meios ilícitos (corrupção) para se garantir contra um futuro sombrio.

Uma outra consequência negativa neste caso é o fato de que com a atitude acumulativa, aumenta a insensibilidade e o egoísmo e, não raro, resvala para a avareza. Preciso cuidar da minha velhice ou do meu futuro por isso não devo ser pródigo ou irresponsável como a cigarra da fábula. Cada um trate de si e Deus por todos como diz o ditado popular.

Temos, em continuidade, a comparação entre o comportamento das aves e dos lírios com o comportamento humano. Jesus diz que elas não tecem nem fiam, ou seja, não trabalham e Deus provê para elas o alimento e as vestes. Lendo esse texto, tem-se a impressão de que Jesus está aconselhando a ociosidade, o que seria contraditório a uma passagem de João onde ele diz: Meu Pai trabalha até hoje e eu também.

Notemos que Jesus não diz que as aves do céu e os lírios do campo vivem na ociosidade e nem poderia dizê-lo. As aves trabalham e não pouco. Fazem seus ninhos e em alguns casos bastante complexos como os do joão-de-barro que parecem ser feitos por mãos humanas. Eles também alimentam seus filhotes com incrível desvelo. Os lírios assim como os vegetais em geral trabalham na fotossíntese dos raios solares e, através de suas raízes buscam os minerais no seio da terra para que continuem crescer viçosos. Jesus os escolhe para mostrar que eles trabalham apenas para o seu sustento e não mais do que isso e não se preocupam com o dia de amanhã. Sim, precisamos aprender com a natureza a nos ocupar de nossas necessidades e não nos preocupar (ou seja ocupar-se por antecipação) com o dia seguinte. Viver o presente do melhor modo possível é o máximo que podemos fazer por nós, pois só construindo um bom presente é que se pode ter um futuro de qualidade.

Por fim, vamos lembrar a parte final deste trecho que pode nos parecer estranha por causa da frase: a cada dia basta o seu mal. A palavra grega para designar mal é **kakía** mas que também pode se traduzir por problemas e dificuldades. Assim, a melhor tradução neste caso seria: a cada dia bastam os seus problemas. Como o fez C. T. Pastorino com a competência em línguas clássicas que lhe é própria.

Os julgamentos

> Não julgueis para não serdes julgados, pois com o juízo com que julgardes sereis julgados e com a medida com que medirdes sereis medido. Por que reparar no cisco que está no olho de vosso irmão quando não percebeis a trave que está no vosso? Ou como podereis dizer a vosso irmão: "deixa-me tirar o cisco de teu olho", quando vós mesmos tendes uma trave no vosso? Hipócrita, tirai primeiro a trave do vosso olho e então vereis bem para tirar o cisco do olho de vosso irmão.[47]

ESTA PASSAGEM COMEÇA em tom imperativo: *não julgueis para não serdes julgados porque com o juízo com que julgardes sereis julgados*. A ideia certa é a de que o homem não deve julgar o seu próximo para que não seja julgado por Deus pelos critérios com que julgou o outro.

Há aqui que se fazer uma ressalva. O julgamento de que se fala aqui não é, por certo, aquele que é feito pelos órgãos públicos necessários ao bom andamento das sociedades. Também não se refere à correção fraterna que se encontra no Evangelho de Mateus capítulo XVIII, versículos 15 a 17. Por

47 Mateus VI:1-5.

certo Jesus está condenando os juízos (opiniões) frívolos que as pessoas fazem a respeito de seu próximo e que tomou, modernamente o nome de fofoca. Nas fofocas, as pessoas julgam a conduta de outras, levantam suspeitas infundadas, comportam-se como hipócritas, mentem deslavadamente, levam a frente aumentando e não pouco o que ouviram sobre uma outra pessoa. O fofoqueiro não percebe que o mal que encontra nas outras pessoas , ele tem em quantidade ainda maior (cisco X trave). E por isso não tem a menor condição de fazer um julgamento moral sobre alguém. Tire a trave de seus olhos, isto é, evolua, reforme-se, modifique-se, cresça e aí você poderá tirar o argueiro do olho do próximo, mas, delicadamente, respeitosamente e não através do comentário malicioso e perverso que caracteriza o difamador.

Mais à frente Jesus explicita a consequência do ato de falar impensadamente: *pois com o juízo com que julgardes sereis julgados e na medida com que medirdes, sereis medidos.*

Aqui temos, em outro sentido, a pena de talião. Não é esta uma afirmação original de Jesus, mas uma adaptação de uma frase que se encontra no **Talmud**[48] atribuída ao Rabi Eleazar: na mesma sopa em que cozinhastes os outros vós também sereis cozidos (por Deus). Se esta frase possui o valor da pena de talião, nos lábios de Jesus significa adequação ou proporcionalidade e quando se fala nessas duas palavras, está se falando, antes de tudo, de justiça. Por outro lado, podemos entender também que se não condenarmos o próximo, Deus não nos condenará, e se não perdoarmos o próximo não seremos perdoados por Deus. Com isso voltamos ao pensamento contido no Pai Nosso.

48 A palavra Talmud em hebraico significa, estudo. Trata-se de um conjunto de textos que comentam a lei e os profetas. Originariamente foi escrito em aramaico.

Não profanar as coisas santas

> Não deveis dar as coisas santas aos cães e nem lanceis vossas pérolas aos porcos para que não suceda que as pisem com os pés e voltando-se contra vós, vos mordam.

ESTA FRASE POSSUI o andamento próprio dos provérbios ou das sentenças (*mâchâl*) dos livros de sabedoria, com ritmo binário, ou seja repete-se o mesmo pensamento por meio de conceitos sinônimos.

Na língua hebraica existe a possibilidade de se criar um efeito assonântico e poético entre as palavras santo **(qodesh)** e pérola **(qedasha)**. Esta talvez tenha sido a maior razão para o redator escrever a passagem como a escreveu.

Os padres antigos buscaram ver esse texto de um modo alegórico, principalmente, no que diz respeito às palavras cães e porcos. São Jerônimo acreditava que os porcos eram os pagãos e os judeus que estavam sujos pelas suas práticas religiosas e por seu afastamento da doutrina cristã e os cães eram os maus cristãos que, vindos para fé, ficavam limpos, mas que se tornavam sujos por sua infidelidade. Para São João Crisóstomo, um dos maiores oradores da Igreja, os cães eram os ímpios e impenitentes e os porcos eram os ímpios corrompidos.

Uma interpretação possível para este trecho é a seguinte: a doutrina do Cristo é a pérola e cães e porcos seriam as pessoas que a escutam sem estar preparadas e que por isso reagem com violência, o que de fato aconteceu com o apóstolo dos gentios, muitas vezes hostilizado por auditórios que dele discordavam. Assim, o que Jesus aconselhou foi a prudência na pregação, pois nem todos estavam em condição de ouvir e respeitar a pregação dos apóstolos. O que Jesus sugere é que não se insista com quem não quer e trabalhe aqueles que querem. Os que não querem terão muitas oportunidades, através das vidas sucessivas, para refazerem a sua posição intransigente. Esses termos usados por Jesus não são discriminatórios e nem se referem aos pagãos ou aos judeus em geral. Há uma passagem de Marcos que pode melhorar a nossa compreensão deste texto. Vamos conhecê-la.

> Saindo dali, foi para o território de Tiro. Entrou em uma casa e não queria que ninguém soubesse, mas não conseguiu permanecer oculto; pois, logo em seguida, uma mulher cuja filha tinha um espírito impuro, ouvindo falar dele, veio e atirou-se aos seus pés. A mulher era grega, siro-fenícia de nascimento e rogava a ele que expulsasse o demônio de sua filha. Ele dizia: Deixe primeiro que os filhos se saciem porque não é bom tirar o pão dos filhos e atirá-los aos cachorrinhos. Ela, entretanto, respondeu-lhe: É verdade, Senhor, mas também os cachorrinhos comem, por baixo das mesas, as migalhas das crianças. Jesus, então lhe disse: Pelo que disseste, vai: o espírito saiu de tua filha. Ela voltou para casa e encontrou a filha atirada sobre a cama. O demônio havia ido embora.[49]

49 Marcos VII:24-30.

Esta passagem é muito interessante. Jesus está em Tiro, uma cidade fenícia. Hospeda-se em uma casa e não deseja ser incomodado. Surge, então, uma mulher que lhe pede ajuda para a sua filha. Jesus reage de um modo que nos parece duro, embora a expressão cachorro esteja no diminutivo. Ela quer uma pérola (a cura da filha) e por isso fala a Jesus de um modo extremamente humilde, aceitando o adjetivo, cachorrinho e pedindo a ele migalhas de amor. Jesus, vendo a qualidade daquele espírito, compadece e o atende. Por esta passagem a questão não está em ser judeu ou gentio; pagão ou não, o que importa é o estado evolutivo em que se encontra.

A eficácia da prece

> Pedi e vos será dado; buscai e achareis; batei e a porta vos será aberta, pois todo o que pede, recebe, o que busca, acha e, ao que bate, a porta lhe será aberta. Quem de vós dará uma pedra a seu filho se este lhe pede pão? Ou lhe dará uma cobra, se este lhe pedir peixe? Ora, se vós que sois maus sabeis dar boas dádivas aos vossos filhos, muito mais vosso Pai que está nos céus, dará coisas boas aos que lhe pedem.[50]

JESUS VOLTA AQUI a falar da prece, utilizando-se do recurso chamado paralelismo hebraico. Jesus, então, mostra que as relações entre Deus e o Homem devem ser iniciadas com uma ação humana, indicada pelos verbos: pedir, buscar, chamar e que desencadeia a ação divina; dar, achar, abrir. O discurso que costura essa relação é a prece. Os ouvintes podem ainda manter alguma forma de dúvida e fazer perguntas íntimas como: será que, se eu pedir, obterei? Se eu buscar, acharei? E se eu bater, a porta me será aberta?

Jesus, então, com lógica rigorosa, argumenta fazendo uma analogia entre o que se espera dos homens e o que se espera de Deus. Que pai humano daria uma pedra ao

50 Mateus VII:7-11.

filho que lhe pede pão, ou uma cobra se ele lhe pede um peixe? Esta é uma pergunta retórica, ou seja, uma pergunta que não pede uma resposta por parte do interlocutor e que serve, apenas para fazer pensar e dar uma resposta subjetiva. Estas perguntas colocam duas alternativas tão óbvias que o receptor é obrigado a responder aquilo que o emissor deseja e, neste caso, a resposta é: nenhum pai humano faria isso.

Dando continuidade ao argumento, Jesus expõe o raciocínio, cuja fórmula é comparar o maior com o menor. Ora, se o homem, espírito imperfeito, não faz este tipo de coisa, muito menos Deus, a própria pureza, o faria. Logo, podemos estar certos de que as nossas preces serão recebidas pelo Pai e seremos atendidos desde que tomemos a iniciativa sincera de pedir, buscar e chamar.

A regra de ouro

> Tudo aquilo, portanto, que desejais que os homens vos façam, fazei-o vós a eles, pois esta é a lei e os profetas.[51]

ESTA É UMA regra de bom-senso, principalmente, uma vez que parte do interesse individual. Em primeiro lugar, o homem deveria se perguntar: o que eu acho bom para mim? Descoberto o meu centro de interesse, eu passo a fazer o mesmo para o meu próximo. Tomemos alguns exemplos:

Eu não gostaria de ser enganado; logo não devo enganar ninguém.

Eu gostaria que as pessoas fossem honestas para comigo; portanto será minha obrigação ser honesto para com elas.

Eu gostaria de ter a minha família respeitada, por conseguinte devo respeitar a família dos outros.

Eu não gostaria de passar fome; por consequência devo, à medida do possível, matar a fome do necessitado.

Eu não gostaria de ser humilhado; por isso não devo humilhar pessoa alguma.

Quero que as pessoas sejam, para comigo, educadas, gentis, amáveis, fraternas; assim, eu devo ser educado, gentil, amável e fraterno para com o meu próximo.

---

51 Mateus VII:12.

Esta regra é chamada áurea porque é fundamental para a existência de uma sociedade saudável. Se os homens a seguissem, por certo todos os conflitos seriam dirimidos, as agressões evitadas. Entretanto, por incrível que isso possa parecer, não colocamos esta regra em prática e exigimos das pessoas um bom tratamento sem que estejamos dispostos a fazer o mesmo com os outros. Muitos há que, em virtude de sua posição social, exigem um tratamento especial sem que se achem obrigados a dar uma resposta semelhante ao outro, notadamente, se considera a outra pessoa como inferior.

Esta pequena passagem evangélica vale toda uma biblioteca de livros sobre moral; daí Jesus ter dito que nela se encontram toda a Lei e os profetas. Há, porém, aqui que se fazer uma ressalva: esta regra se restringe aos espíritos que já possuem uma evolução mínima, pois, em caso contrário, poderá ser distorcida. O dependente de droga poderia dizer; eu gostaria que as pessoas me dessem cocaína, maconha, fumo ou álcool; logo devo dar a elas também essas coisas. Assim o que é bom para mim, pode não ser bom para o outro. Deste modo devemos ter cuidado com os sofismas que podem ser criados em torno de uma das mais belas passagens de todo evangelho.

Os dois caminhos

> Entrai pela porta estreita, porque larga é a porta, e espaçoso é o caminho que leva à perdição e são muitos aqueles que por ela entram. Estreita, porém é a porta e apertado o caminho que conduz à vida. E poucos são aqueles que a encontram.[52]

INICIEMOS O NOSSO comentário que a noção de porta e caminho como metáforas de valores morais se encontram na Bíblia e nos textos rabínicos. No Antigo Testamento, no salmo IX:13 o salmista se refere às portas da morte e no salmo CXVIII:19 citam-se as portas da justiça e, no Eclesiástico, fala-se no caminho dos justos.

Na literatura rabínica há dois exemplos. O primeiro é a citação das palavras do Rabi Yohanan Zakai que, ao morrer, cerca do ano 80 antes de Cristo disse: "Há dois caminhos na minha frente, um que conduz ao paraíso e outro que leva ao gehena e não sei qual devo tomar." Em um comentário sobre o salmo XVI:11 onde Davi fala a Deus do seguinte modo: "Mestre do mundo, faz-me conhecer que porta abre o caminho do mundo que virá."

Em Jesus as duas portas são símbolo dos modos de es-

52 Mateus VII:15-20.

tar no mundo em busca da felicidade. Para encontrá-la, o homem possui duas portas, dois caminhos, duas escolhas. A porta larga é a que se abre para as coisas do mundo, para as festas, para os vícios, para os prazeres efêmeros da vida. A porta estreita conduz a uma outra forma de felicidade mais duradoura e mais verdadeira, entretanto, para entrar por esta porta o homem deve vencer a si mesmo, lutando contra as más inclinações. A maioria de nós prefere a primeira à segunda e envereda pelas facilidades da vida. Vive uma ilusão de felicidade e, no momento da morte, ao passar para o outro lado da vida, vê-se perante si mesmo e descobre como se iludiu.

Ao contrário deste, o homem que escolhe a porta estreita, vive na Terra atento às dores do mundo. É solidário com o próximo, aprende com a dor alheia e com a sua própria. Não é compreendido pela maioria das pessoas porque se nega a viver as ilusões da matéria. Não confunde o verdadeiro prazer com o falso, por isso se desgosta das coisas que os homens-matérias mais apreciam. Todos acham que a sua vida é dura e sem prazer, mas ele encontra prazer no servir ao próximo, na alegria de dar, e muitas vezes, dar do pouco que tem. Este homem ao deixar a vida, descobre que valeu a pena toda a vida de trabalho e de sacrifício e mesmo de privações que viveu na Terra porque agora vai colher o que plantou e bela e grande será a sua colheita.

Os falsos profetas

> Guardai-vos dos falsos profetas que vêm a vós disfarçados em ovelhas, mas, por dentro são lobos ferozes. Pelos seus frutos os conhecereis. Por acaso colhem-se uvas em espinheiros e figos nos cargos? Do mesmo modo, toda árvore boa dá bons frutos, mas a árvore má dá frutos ruins. Uma árvore boa não pode dar maus frutos nem uma árvore má dar bons frutos. Toda árvore má que não produz bom fruto, será cortada e lançada ao fogo. É pelos frutos, portanto, que os reconhecereis.[53]

O falso profeta não era uma figura desconhecida na história de Israel. Encontramos referências a esse personagem no Livro de Reis (I. Reis XII:2 ss); em Crônicas (XVIII:22. ss). O profeta Jeremias nos fala em falsos profetas que enganavam o povo (Jer, XXVVIII:I; V:I, 28. ss). Cristo fará referência a esses homens que vivem a explorar a fé popular em Mateus (XXIV:2). Ainda se trata deles em Atos XIII:6, em Apocalipse (IV:16-13; XXIX:20; XX:19) e Tessalonicenses (II:2-3; VIII-12).

Essas referências apenas revelam a popularidade do conceito, entretanto, acreditamos que Jesus está falando para o

53 Mateus: VII:15-20.

futuro, para o nosso tempo, quando aparecerão pessoas que pregarão o seu Evangelho por interesse material, atraindo grandes multidões que são por elas exploradas. Vemos em nossos dias, no Brasil e em outras partes do mundo, pessoas que mentem, enganam sem o menor pudor e acumulam grandes fortunas, vendendo a palavra de Jesus como os vendedores comuns vendem seus produtos. Reúnem-se em igrejas enormes que eles consideram como templos da verdadeira fé e vendem a ideia de que o seu sucesso material é resultado do fato de serem eles homens de Deus. É contra essa gente, que sempre existiu e prossegue existindo, que Jesus pede a nossa cautela, a nossa atenção e o nosso cuidado.

Jesus não só nos adverte contra os falsos profetas, como também nos dá um modo de reconhecê-los. Para isso se vale mais uma vez de uma analogia comparando os homens e as árvores. As árvores dão frutos e os homens dão obras. Basta então que se examinem as obras destes que falam em nome de Jesus que logo saberemos se eles são verdadeiros ou falsos profetas e, assim evitaremos dissabores, frustrações ou coisas piores.

Tomemos alguns casos exemplares de falso profetismo retirados do livro de Martim Gardner cujo título é *Did Adam and Eve have navels*? (Adão e Eva teriam umbigos?) Gardner abre o capítulo 27 de sua obra, dizendo: À medida que se aproximava o ano 2000 religiosos fundamentalistas, principalmente, protestantes das igrejas pentecostais, Adventistas do Sétimo Dia e as Testemunhas de Jeová estavam cada vez mais certos de que o fim do mundo estaria próximo e com ele a vinda do Cristo em alto estilo para separar os bodes das ovelhas, instaurar uma nova ordem e pôr fim ao reino de Satanás na Terra.

Surge, então, nos Estados Unidos, uma grande quantidade de livros que pretendiam trazer a correta interpretação do Livro de Daniel e do Apocalipse, para mostrar que o Armagedon, a batalha final, estava muito próxima. Esses livros vendiam a rodo como as obras de Hal Lindsay que se propunham a identificar o Anticristo e explicar o simbolismo do número 666, o número da besta, segundo o Apocalipse de João.

Esses crentes, na iminente vinda de Cristo, pareciam não saber que, desde o século I de nossa era, a humanidade, a cada fim de século, angustiava-se esperando o grande momento em que teria fim, porém, o grande final, era sempre adiado. Assim, também, nas proximidades do ano 2000 esses protestantes pareciam não ter a menor dúvida da volta de Jesus. E não eram apenas os fanáticos menores, os doentes que enxameiam as igrejas fundamentalistas que se tornavam profetas do caos, um homem da importância de Billy Grahan, um dos grandes pregadores evangélicos da segunda metade do século XX, também acreditava, pois, para ele, havia sinais evidentes de que as profecias apocalípticas estavam para ser cumpridas.

Nesse período que estamos tratando, entre 1990 e 1999, surgiram livros muito estranhos e mesmo absurdos. O primeiro desta série é o livro intitulado *88 reasons why the rapture will be in 88 (88 razões para se acreditar que o arrebatamento será em 88)*. O autor se chamava Edgard C. Whisenant, um engenheiro aposentado da NASA, fato que deve ter dado ao seu texto grande credibilidade e este livro vendeu mais de 600.000 exemplares.

Whisenant buscava exatidão em suas previsões a ponto de afirmar que o fim do mundo, com o arrebatamento dos justos, dar-se-ia no dia 12, ou no dia 13 do mês de setembro de 1988. Ora, se deu que o mundo não acabou na data prevista, o profeta foi entrevistado e admitiu que havia errado em seus cálculos e propôs uma nova data, desta vez 1º de setembro de 1989. Mais uma vez a previsão falhou e o profeta entrou em crise, internou-se em uma clínica e decidiu não mais tocar no assunto.

Dez anos depois, em 1998, foi publicado um outro livro com o título de *Gorbachev! Hás the Real Antichrist Come?* que se traduz por *Será Gorbachev*[54] *o verdadeiro Anticristo?* O livro foi publicado pela empresa fundamentalista Victory House, cuja sede era em Tulsa. O autor do livro, Robert W. Faid é apresentado na capa como engenheiro nuclear e autor de uma outra obra intitulada: *A scientifc approach to christianity,* ou seja, *Uma abordagem científica do cristianismo.*

Valendo-se de um complexo sistema matemático-numerológico ele chega à conclusão de que as letras que formam o nome completo de Gorbachev dá 666, o número da besta. Em um outro cálculo numerológico ele descobre que essas mesmas letras dariam o número 888 que ele identifica como o Cristo. Com isso ele afirma que Gorbachev é, ao mesmo tempo, a besta do Apocalipse e o falso Cristo. Faid garante que o mundo acabaria em 2000 ou pouco tempo depois.

Um terceiro livro deste conjunto foi escrito por Gary D. Blevins, um ex-corretor de seguros da Prudential Life Insurance que hoje trabalha como consultor financeiro no Estado do Tenesse. O livro se chama: *666: The final warning,* isto é, *666: O aviso final.* A introdução foi feita por Texe Marrs, um outro fundamentalista e autor de diversos livros muito vendidos.

Nessa obra, Blevins utiliza um método, criado por outros fundamentalistas, que ele chama de Código Secreto da

54 Mikhail Gorbachev foi o dirigente da antiga URSS que iniciou a transformação da sociedade e da economia da Rússia.

Bíblia. O código não é de difícil compreensão A cada letra é atribuído um número que nasce da multiplicação de 6 pelo número da letra do alfabeto. Exemplificando: A vale 6 pois 1 x 6 é igual a seis; B = 12 porque 2 x 6 é igual a 12 e assim por diante.

De posse de seu código da Bíblia, Blevins pôs mãos à obra e examina à luz deste método centenas de nomes e de frases para descobrir qual deles reproduziria o número da besta, 666. O primeiro resultado é surpreendente: Henry Kissinger, um famoso economista americano, tinha o número da besta. Havia, entretanto, um problema. Kissinger não podia ser o Anticristo porque o seu perfil não coincidia com as orientações das Escrituras. Para a sua maior surpresa descobriu também que palavras comuns e mesmo banais como New York, Ilusion, witchcraft, necromancy, Mark of Beast e Santa Claus[55] correspondiam segundo o método ao número 666.

Abortando a possibilidade de ser Kissinger o Anticristo, Blevins buscou outro e, como quem procura acha, ele decidiu que o Anticristo seria o presidente americano Ronald Wilson Reagan já que cada um, dos nomes dele tem seis letras e o nome inteiro possui seis sílabas. Infelizmente para a teoria de Blevins, o nome Ronald Reagan somado dá 660 e, portanto, faltariam seis para dar o número procurado. Blevins não se apertou e acrescentou um A (a= 6) e o nome ficou A Ronald Reagan. As coisas não param por aí, pois, continuando a sua pesquisa sobre Reagan, conseguiu encontrar um grande número de expressões ligadas a Reagan cuja soma é 666.

Vamos conhecer essas interpretações:

---

55 Nova Iorque, ilusão, feitiçaria, necromancia, marca da besta e papai noel.

Office of Reagan (escritório de Reagan)
ank of Reagan (posição de Reagan)
Mark of Reagan (marca de Reagan)
Space of Reagan (espaço de Reagan)
Ray of Reagan (raio de Reagan)
Vim of Reagan (energia de Reagan)
Tact of Reagan (tato de Reagan)
Talk of the Reagan (tato de Reagan)
Brain of the Reagan (cérebro de Reagan)
Mold of the Reagan (molde de Reagan)
Peer of the Reagan (par de Reagan).
Karma of the Reagan (karma de Reagan)
Ranch of the Reagan (fazenda de Reagan)
Hope of the Reagan (esperança de Reagan)
Faith of Reagan (fé de Reagan)
Old Age of the Reagan (velhice de Reagan)
Creme of the Reagan (o melhor de Reagan)
Reagan in Japan (Reagan no Japão)

Uma objeção que poderia ser feita é a seguinte: em 1990 quando o livro foi escrito, Reagan já não era mais o presidente dos Estados Unidos e, portanto, não tinha mais o poder de decisão que tivera no passado. Esta observação não é o suficiente para abalar a crenças de Blevins e de seus seguidores. Eles acharam no Apocalipse de João (XVII:8): "A besta que viste existia, mas não existe mais; está para subir do abismo, mas caminha para a perdição." Esta passagem, para Blevins, significava que Reagan retomaria o poder, mas em escala muito maior do que antes. Ele dominaria todo o mundo por meio de um supercomputador. Segundo o método de Blevins a palavra *computer*, computador em inglês, também possui a soma 666. Para reforçar a sua tese Blevins diz que Reagan acredita em astrologia, usa amuletos e que 33 é o seu número de sorte. Tudo isso leva a reforçar, terrivelmente as suspeitas de Blevins de que Reagan é, de fato, o Anticristo.

Blevins em seu livro faz uma espécie de profecia para os anos noventa. Conforme esta profecia entre 1991 e 1994, a cidade de New York seria destruída e OVNIS chegariam à Terra. Em 1996, Ronald Reagan, toado por Satanás seria guindado à posição de Anticristo e dominaria o mundo por 1.000 anos. Em 1998, Reagan seria atirado em um lago de fogo, os crentes em Deus ou justos cairiam em êxtase, Jesus voltaria e Satanás seria preso por mil anos. Quando chegar o ano 3000, Satanás será atirado ao lago de fogo com os ressurgidos, mas não salvos e Jesus reinará sobre uma Terra pacificada.

Concluindo o seu texto sobre Blevins e suas ideias fantásticas, escreveu Gardner:

"Agora que 1998 passou, sem nenhum sinal do Senhor e que Reagan, certamente, já não mais é capaz de dominar o mundo, seria de se imaginar que um Blevins envergonhado se desculpasse por seus equívocos e retirasse seu livro do mercado. Nada disso. Em 1999, enviei-lhe 16 dólares e 50 centavos por um exemplar que prontamente chegou, sem nenhum sinal de repúdio ao escrito. A Editora Vision of the End ministries de Blevinis deve precisar de dinheiro."[56]

Em 1992, em Seul, na Coreia do Sul, havia um religioso chamado Lee Jang Rim que liderava cerca de duzentas igrejas protestantes. Este homem, de uma hora para outra, criou uma histeria nacional ao declarar que o mundo acabaria no dia 28 de outubro de 1992. Tomava por base a visão de um rapaz de 16 anos. Aconteceu, então, que

56 Gardner. Op. cit. p. 338.

mais ou menos 20.000 fundamentalistas coreanos, que viviam em Los Angeles e New York acreditaram fortemente na profecia. Muitos deles largaram os empregos, deixaram as famílias e prepararam-se para uma partida imediata rumo ao céu. A Igreja liderada pelo reverendo Rim colocou em grandes jornais americanos como The Lons Angeles Times e o New York Times anúncios caríssimos que falavam da viagem para o outro mundo e ordenavam aos fiéis que não permitissem que o número 666 fosse gravado em código de barra em sua mão direita ou na testa.

No dia previsto, para a catástrofe final, carros da polícia cercaram as igrejas coreanas para evitar distúrbios muito comuns nesse caso, mas o mundo não acabou. Os fiéis reagiram bem, ficando apenas um tanto frustrados. O reverendo Lee Jang Rim, porém, foi preso, julgado e condenado por ter arrancado cerca de 4,4 milhões de dólares da conta de seus crentes, dinheiro que ele investiu em ações para aumentar a sua fortuna pessoal.

Os Adventistas do Sétimo Dia também fizeram as previsões por seus profetas. Essa igreja teve a origem nos ensinamentos de um agricultor inculto e simplório chamado William Miller. Os seus estudos dos textos bíblicos levaram-no a concluir que o fim do mundo e a volta de Jesus Cristo, aconteceria em 1843. Quando o final não aconteceu, ele deslocou a data para o ano seguinte. Novamente o fato esperado não se deu e foi passado para 24 de setembro de 1845 e, depois para 1851. Novamente fracassou a profecia e adventistas perceberam que aquela história de ficar mudando de datas estava desgastando a seita.

Existe em Mateus XXIV uma referência escatológica a respeito do escurecimento do sol e da lua como sinais da aproximação do tempo de sua nova vinda. *Em verdade, vos digo que esta geração não passará até que essas coisas se realizem.* Estas seriam palavras ditas pelo próprio Jesus.

Os estudiosos mais liberais da Bíblia entendem que a geração de que Jesus falava era a geração que o ouvia, como, porém, ele não voltou naquela geração, foi necessário buscar outras explicações. William Miller ensinava que o fato citado por Mateus havia acontecido em 1780 e que a previsão da chuva meteórica teria tido lugar em 1883. O ministro adventista afirmava que a geração que testemunhara aqueles eventos seria a mesma geração que veria o retorno do Senhor em sua glória.

Quem lesse livros escatológicos de origem adventista, até 1833, ficaria assombrado com as suas capas e o seu interior ricos em imagens dantescas com estrelas caindo em forma de chuva sobre uma cidade, cujos prédios se desfaziam e outras semelhantes. Quando, porém, ficou suficientemente claro que isso não acontecera e, provavelmente, não aconteceria, os adventistas modificaram o seu modo de ver o fim do mundo.

Esses exemplos nos parecem suficientes para mostrar o papel, a função e a natureza dos falsos profetas e para justificar a advertência de Jesus com respeito a essas pessoas.

Os verdadeiros discípulos

> Nem todo aquele que me diz: Senhor, Senhor, entrará no Reino de Deus, mas sim aquele que pratica a vontade de meu Pai que está nos céus. Muitos me dirão naquele dia: Senhor, Senhor, não foi em Teu nome que profetizamos e em teu nome expulsamos demônios e em Teu nome fizemos muitos milagres? Então, eu lhes direi: Nunca vos conheci. Apartai-vos de mim, vós que praticais a iniquidade.
>
> Assim, todo aquele que ouve as minhas palavras e as põe em prática será comparado a um homem sensato que construiu a sua casa sobre a rocha. Caiu a chuva e vieram as enxurradas, sopraram os ventos e deram contra aquela casa, mas ela não caiu porque estava alicerçada sobre a rocha. Por outro lado, todo aquele que ouve essas minhas palavras, mas não as pratica será comparado a um homem insensato que construiu a sua casa sobre a areia. Caiu a chuva e vieram as enxurradas, sopraram os ventos e deram contra aquela casa e ela caiu e grande foi a sua ruína.[57]

Jesus coloca aqui a proposição entre a teoria e a prática, entre o falar e o fazer. Não basta dizer Senhor, Senhor para

57 Mateus VII:21-27.

ter mérito espiritual, é necessário que se pratique o evangelho de Jesus no dia a dia. Repara que a crítica de Jesus a esses hipócritas se localiza no domínio da palavra: Profetizaram (através de palavras); Exorcizaram (pela palavra) e fizeram muitos milagres (pela palavra), entretanto, ao que parece, nenhum deles reformulou a sua conduta, fez a reforma íntima, tornou-se uma pessoa melhor, pois, do contrário, Jesus não teria exigido o afastamento deles com tamanha ênfase, já que haviam feito as coisas que disseram. Não é, pois, apenas com palavras que se ganha o Reino, mas com uma atitude honesta e firme que comece em nós mesmos, e se dirija ao nosso próximo. Sem isso, estaremos na condição do Homem que construiu a casa na areia.

A moral espírita

A MORAL ESPÍRITA é a mesma moral do Cristo. *Os espíritos não ensinam outra moral senão a do Cristo porque não há outra melhor.*[58] Em *A Gênese*, Kardec pergunta qual seria a utilidade da moral espírita se ela é a mesma moral do Cristo que já é por nós bastante conhecida? Esta é uma boa pergunta, mas há que se lembrar que o espiritismo não é, a rigor, uma repetição *ipsis literis* da moral evangélica que resumimos no *Sermão do Monte* visto há pouco.

Como o próprio Jesus diz em seu Evangelho, muitas coisas ele deixou de dizer ou disse por meio de parábolas porque os homens de sua época não eram capazes de compreender. Basta lembrar que, no encontro com Nicodemos, um homem extremamente culto, um mestre em Israel, não compreende Jesus quando este lhe fala de reencarnação. A mediunidade era outro tema inteiramente desconhecido pelos antigos embora ela se manifestasse com grande frequência já que é um fenômeno humano e existe desde que o mundo é mundo. Assim, o espiritismo explicando, com método e grande clareza, a reencarnação e a mediunidade, explica e amplia certas colocações do Evangelho que nos parecem estranhas e mesmo absurdas. Feitos esses primeiros apontamentos, vamos começar o nosso estudo.

58 Kardec. *A Gênese*. P. 37.

Abri-lo-emos com uma passagem do Evangelho segundo João:

> Não se turbe o vosso coração. Credes em Deus e crede também em mim. Há muitas moradas na casa de meu Pai; se assim não fosse eu já vo-lo teria dito, pois me vou para vos preparar o lugar. Depois que me tenha ido e que vos houver preparado o lugar, voltarei e vos retirarei para mim, a fim de que onde eu estiver, também aí vós estejais.[59]

Esta passagem de Jesus diz, com clareza, que ele havia preparado, para nós, um lugar na casa do Pai. Não ficam claras, porém, duas coisas: onde é a casa do Pai e em que consiste esta morada. Em *O Evangelho segundo o Espiritismo,* muitos séculos depois, vem a resposta: A casa do Pai é o Universo essas moradas são os diferentes mundos que giram no espaço sem fim onde habitam espíritos de condições evolutivas diferentes.

Jesus também poderia estar se referindo aos diversos estados da alma a caminho da luz. Na condição de erraticidade, o espírito goza de grande liberdade. Uns não se afastam da Terra aqui ficando presos às próprias emoções como condicionados a experiências que viveram em suas vidas passadas.

Outros com maior liberdade, se afastam da Terra, elevam-se e percorrem espaços e mundos superiores. Há espíritos que, em função da culpa que os domina, vagueiam nas trevas, vítimas de si mesmos, sentindo dores enormes, morais e físicas. Assim, os que tiveram encarnações bem-sucedidas, os chamados justos, vivem em gozo de felicidade e imersos na luz, enquanto os que não quiseram crescer,

---

59 João XIV:1-3.

vivem imersos em escuridão tremenda, com experiências extremamente dolorosas. Essas condições espirituais podem, metaforicamente, ser interpretadas como moradas não, porém, do ponto de vista físico.

Nós sabemos que o fim da moral do Cristo é a conquista do Reino de Deus ou do Reino do Céu e que a moral espírita possui como objetivo a reforma íntima que nos conduzirá aos mundos ditosos onde vivem os espíritos depurados nas lutas nas vidas sucessivas. Um dos caminhos fundamentais para que se conquiste este objetivo final, proposto pelo Cristo, é a humildade e a simplicidade do espírito. Daí Jesus ter dito no Sermão do Monte: Felizes os pobres de espírito. Vejamos, porém, uma passagem de Mateus que corrobora este ponto de vista:

Por esta ocasião, os discípulos se aproximaram de Jesus e lhe perguntaram:

> Quem é o maior no Reino dos Céus? Jesus chamando a si um menino, colocou-o no meio deles e respondeu: Digo-vos, em verdade, que, se não vos converterdes e tornardes quais uma criança não entrareis no reino dos céus e aquele que receber em meu nome uma criança, tal como acabo de dizer é a mim mesmo que recebe.[60]

A criança nos seus primeiros anos de vida, quando ainda não teve a oportunidade de desenvolver os maus pendores que trouxe de vidas passadas, nessa fase, é confiante, acredita piamente nos seus educadores: pais e professores. Não age com malícia, não faz julgamentos prévios e, em geral, diz o que lhe vem à mente. Está sempre pronta a aprender sobre o

60 Mateus XVII:1-5.

mundo em que vive, daí a necessidade de o educador cuidar para trabalhar nela os valores morais positivos que, nesse período da vida anímica, se fixam com muito mais força.

Com isso, pode-se entender a analogia entre o ser humano e a criança em termos morais. O homem encarnado precisa, portanto, de qualidades da criança como: a sinceridade, a franqueza, a falta de malícia, a confiança nas pessoas, a capacidade de ser criativa através da imaginação e outras características que as crianças possuem e perdem à medida que entram em contacto com os adultos e adquirem os maus hábitos desses.

A palavra grega que se traduz por humilde é **tapeinos** que tem o sentido de pouco elevado, pequeno. Nesse sentido é que a criança é símbolo de humildade, uma vez que o seu papel social é de um ser pequeno e frágil que não possui elevação. Daí dizer aqui que devemos ser como as crianças é admitir que devamos ser pequenos, não ser arrogantes, assumindo a nossa pequenez sem nos julgarmos superiores aos demais. Este ponto de vista se encontra em uma outra passagem de Mateus:

> Então, a mãe dos filhos de Zebedeu se aproximou dele com seus dois filhos e o adorou dando entender que lhe queria pedir alguma coisa. Disse-lhe ele:
>
> - Que queres?
>
> - Manda - disse ela - que esses meus dois filhos tenham assento no teu reino, um à tua direita e outro à tua esquerda.
>
> - Não sabeis o que pedes; podereis vós ambos beber do cálice que eu beberei? - disse Jesus.
>
> - Poderemos beber - disseram os irmãos.
>
> - É certo que bebereis o cálice que eu vou beber, mas, pelo que respeita a vos sentardes à minha direita ou à minha esquerda, não cabe a mim vo-lo conceder; isso será para aqueles a quem meu Pai tem preparado.

> Ouvindo essas coisas os outros apóstolos encheram-se de indignação contra os dois irmãos. Jesus, chamando-os para perto de si lhes disse: Sabeis que os príncipes das nações as dominam e que os grandes as tratam com império. Assim, não deve ser entre vós; ao contrário: aquele que quiser tornar-se o maior que seja vosso servo; e aquele que desejar ser o primeiro entre vós, seja vosso servo. Do mesmo modo que O Filho do Homem não veio para ser servido, mas para servir e dar a vida pela redenção de muitos.[61]

Vejamos esta passagem. Salomé, a mulher de Zebedeu, tinha dois filhos que seguiam Jesus: João e Tiago. Ela não entende a missão do Cristo e parece acreditar que ele seria o tipo de Messias com que os judeus sonhavam: um Messias que viesse estabelecer o poder dos israelitas e humilhar a arrogância dos romanos, instaurando, na Terra, o seu reino. Pede, então a Jesus que, caso saia vencedor e funde o seu reino, que dê a seus filhos lugares de destaque.

Em seguida, Jesus pergunta aos dois jovens se eles seriam capazes de beber do cálice que ele beberá. Os rapazes, entusiasmados, dizem que sim. O Mestre, então, faz uma revelação: não depende dele dar um lugar aos dois irmãos, pois isto pertence ao Pai e não a ele. Esta é outra afirmação de Jesus no sentido de separar-se do Pai e não se fundir com Ele como se fosse o próprio Deus. De fato, o lugar no mundo espiritual não deriva de um privilégio ou da outorga de um direito, mas da evolução espiritual de cada um.

Em continuidade, Jesus explicita de um modo insofismável qual a condição para se alcançar o Reino de Deus: servir. E dá, como exemplo, ele próprio que veio para ser-

---

61 Mateus XVIII:1-5.

vir, e não para ser servido. Nisso consiste a humildade. O homem que deseja ser servido, julga-se superior a todos e com direito sobre os outros que lhe servem e que ele considera como seu inferior.

Por fim, vejamos ainda um outro texto sobre a prática da humildade:

> Jesus entrou em dia de sábado na casa de um dos principais fariseus para aí fazer a sua refeição. Os que lá estavam o observavam. Então, notando que os convidados escolhiam os primeiros lugares, propôs-lhes uma parábola dizendo:
>
> Quando fordes convidado para uma boda, não tomeis os primeiros lugares para que não suceda que, havendo entre os convidados uma pessoa mais considerada do que vós, aquele que vos haja convidado venha a dizer-vos: dai o vosso lugar a este e vos vejais constrangido a ocupar, cheio de vergonha, o último lugar. Quando fordes convidado, ide ocupar o último lugar, a fim de que, quando aquele que vos convidou chegar, vos dirá: Meu amigo, venha mais para cima, Isso, então, será para vós motivo de glória, diante de todos que estiverem convosco à mesa, porquanto todo aquele que se elevar, será rebaixado e todo aquele que se rebaixar, será elevado.[62]

A tendência das pessoas que são arrogantes que não se autoavaliam corretamente é julgar que são mais do que de fato são, e podem mais do que de fato podem. Esse tipo de pessoa tem sede de poder ou de mostrar-se como alguém importante, daí desejar ocupar os primeiros lugares aos

---

62 Lucas XIV:1 e 7 a 11.

quais não fazem jus. O homem humilde, de verdade, ocupa os últimos lugares, muitas vezes porque não se importa com a glória deste mundo ou não se julga com direito aos primeiros lugares.

O espiritismo por meio de um grande número de exemplos que nos chegam através de mensagens espirituais, tem mostrado que nem sempre os poderosos da Terra, quando desencarnam, ocupam o lugar privilegiado que imaginavam seu de direito, enquanto estavam encarnados e sofrem, na vida espiritual, a desilusão de descobrirem que, depois da morte, a realidade é bem outra.

A reencarnação é também um outro modo de se descobrirem os males do orgulho e da vaidade e a necessidade de ser humilde. Assim, muitos homens ricos em uma vida renascem em comunidades carentes e sofrem a prova da pobreza. Muitos aprendem com esta encarnação e progridem consideravelmente, outros sofrem muito por não entenderem o porquê de viverem em condições tão precárias.

Há em Jesus passagens muito estranhas sem os conceitos do espiritismo para aclará-las. Uma delas se encontra no Evangelho segundo Mateus. Refiro-me à seguinte passagem:

> Se a vossa mão ou o vosso pé vos é objeto de escândalo, cortai-os e lançai-os longe de vós; melhor será para vós que entreis na vida tendo um só pé ou uma só mão do que, terdes dois e serdes lançados ao fogo eterno. Se o vosso olho vos é objeto de escândalo, arrancai-o e lançai-o longe de vós; melhor para vós será que entreis na vida tendo um só olho, do que, terdes dois e serdes precipitados no Geehena de fogo inextinguível.[63]

63 Mateus XVIII:6-11.

A palavra-chave deste trecho é escândalo. Normalmente esta palavra é usada em nossa língua para indicar o fato ou um comportamento que vá contra a moral ou aos chamados bons costumes. No Evangelho, entretanto, possui um sentido diferente. Em algumas Bíblias, traduziu-se a palavra escândalo por tropeço. Em latim esta palavra vem de **peco as ave-atum are** que tem o sentido de tropeçar. Passando para o campo moral o verbo **pecare** deu origem à palavra pecado ou tropeço de ordem moral. Assim, em Jesus vamos entender pecado (escândalo) como aquilo que nos faz tropeçar e cair.

Em seguida, diz Jesus que um de nossos membros pode ser causa de escândalo ou tropeço, em outras palavras, pode ser um obstáculo ao nosso progresso; assim, melhor seria que ficássemos sem eles e não caíssemos, do que ficarmos com ele e fracassarmos moralmente. Naturalmente não se pode tomar este ensinamento ao pé da letra e nos mutilarmos em nome do Reino de Deus, embora um padre da Igreja Oriental de nome Orígenes (185-153) tenha se emasculado, tomando esse texto sem buscar tirar o espírito da letra.

Mais uma vez a doutrina dos espíritos pode nos explicar melhor este ensinamento, senão vejamos. Um homem que tenha usado seu cérebro para o mal, poderá escolher uma encarnação com sérias limitações mentais. Um outro que tenha usado os braços e as mãos para praticar crimes, poderá nascer aleijado, ou uma mulher que tenha feito muitos abortos em uma vida, poderá ressurgir mais à frente com infertilidade irreversível. Assim, através da doutrina das vidas sucessivas um ensino como este não nos parecerá mais um absurdo.

Uma outra passagem de Mateus, no Sermão do Monte, é a que diz respeito a amar os inimigos.

Em primeiro lugar, Jesus deixa bastante claro que não devemos odiar os nossos inimigos e mais ainda que devemos amá-los. Como porém, é possível amar os inimigos? O nosso inimigo, em geral, é aquele que nos quer mal e, por isso, a convivência com ele se nos torna impossível, porque nós também temos em relação a ele o mesmo sentimento que ele tem para conosco. Jesus, todavia, insiste na necessidade de amar os que nos odeiam e, mais ainda orar pelos que nos perseguem, tarefa que exige de cada um de nós um esforço dantesco.

O espiritismo, entretanto, nos oferece um modo de amar o inimigo, mais fácil e menos conflituoso. Refiro-me à teoria da reencarnação. Como todos nós sabemos, quando encarnamos, nos esquecemos por completo da nossa vida anterior. Por causa desse esquecimento, a mãe pode receber em seus braços o homem que a desprezou e a fez sofrer em outra vida. Do mesmo modo, meu irmão carnal pode ser o homem que me perseguiu e me matou no pretérito. Convivo com ele e os laços de família obrigam-me a amar o meu inimigo do passado. Desta maneira, posso amar os meus inimigos ou, pelo menos abrandar o ódio que sentia por eles.

Em um livro notável, intitulado *Missionários da luz,* o espírito André Luiz nos conta a história de Adelino e Segismundo, dois espíritos inimigos; Adelino encarnado e Segismundo desencarnado que, no Plano Espiritual recebem a oportunidade de encarnarem juntos. Na Vida espiritual, antes de encarnar, Adelino havia se comprometido a receber em sua família como seu filho Segismundo, seu antigo desafeto. Adelino, entretanto, havia se esquecido do compromisso assumido e estava com enormes dificuldades para perdoar Segismundo, que, muito triste, fala desta situação ao mentor Alexandre e ouve a seguinte recomendação:

> – Ora, Segismundo, por que envenenar o coração? Por que não o desculpa você por sua vez? Não complique a própria situação, abrigando injustificável desânimo. Levante as energias, meu amigo! Coloque-se na situação do ex-adversário, vítima, em outro tempo, de seu ato impensado! Não encontraria, talvez, as mesmas dificuldades? Tenha calma e prudência. Não perca a bendita ocasião de tolerar alguma coisa desagradável ao seu sentimento, afim de reparar o passado e atende às necessidades do presente. Vamos, equilibre-se! O momento é de gratidão a Deus e de harmonia com o semelhante!...[64]

Há, agora, um trabalho fraterno e, nem por isso menos duro e difícil, de Alexandre no sentido de convencer Adelino a aceitar em sua família o antigo inimigo. O mentor leva André Luiz com ele à casa de Adelino que, durante o sono havia deixado o corpo de carne que jaz, na cama, adormecido. Ali também se encontra Segismundo. Alexandre aproveita a situação para instruir André Luiz.

> Está examinando a lição? Repara as singularidades da vida espiritual. Adelino e Raquel[65] são espíritos associados de muitas existências em comum, partilham o mesmo cálice de dores e alegrias terrestres. Na atualidade, seus corpos repousam um ao lado do outro, no mesmo leito; entretanto cada um vive em um plano mental diferente. É muito difícil estarem reunidas em laços domésticos as almas de mesma esfera. Raquel, fora dos vínculos da carne pode ver a avozinha com quem se

64 André Luiz. *Missionários da luz*.

65 Raquel é a esposa de Adelino na vida presente.

> encontra ligada no mesmo círculo de evolução. Adelino, contudo, só poderá ver Segismundo a quem se encontra imantado pelas forças do ódio que ele deixou, imprudentemente, desenvolver-se, de novo, em seu coração.[66]

A conversa entre Alexandre e André Luiz é interrompida por um grito lancinante. Era Adelino que havia visto Segismundo. Fica desesperado, busca fugir, como uma criança medrosa que se sentisse ameaçada por um perigo iminente. Tenta escapar para o corpo de carne.

> (...) Mas Alexandre, aproximando-se dele, com amorosa autoridade, estendeu-lhe as mãos, das quais saíam grandes chispas de luz. Contido pelos raios magnéticos, o esposo de Raquel pôs-se a tremer, sentindo-se que ele começava a ver alguma coisa além da figura do ex-inimigo. Aos poucos, em vista das vigorosas emissões magnéticas de Alexandre, ele pôde ver nosso venerável orientador, com quem passou a sintonizar diretamente e caiu de joelhos em convulsivo pranto. Observei o pensamento de Adelino naquela hora comovedora e percebi que ele associava a visão radiosa às preces do filhinho. Ele via, ali, a estranha figura de Segismundo e a resplandecente presença de Alexandre e fazia intraduzível esforço para recordar-se de alguma coisa do passado distante que a sua memória não conseguia situar com exatidão. Supôs, naturalmente, que o nosso mentor devia ser um emissário do Céu para salvá-lo dos pesadelos cruéis e, ofuscado pela intensa luz, soluçava, genuflexo, entre o medo e o júbilo, suplicando paz e proteção.[67]

---

66 André Luiz. Op. cit.
67 André Luiz. Op. cit.

Esta passagem mostra com clareza como as emoções podem ser profundas do outro lado da vida. O medo de Adelino e a culpa de Segismundo são sentimentos que vão muito além desta vida e, no caso que estamos vendo, é bastante forte e seria muito difícil que uma inimizade assim pudesse ser resolvida sem o concurso da encarnação.

Esta passagem também nos faz lembrar uma outra recomendação de Jesus: *Reconciliai-vos com vosso inimigo enquanto com ele estais no caminho.* Esta referência nos ensina que as emoções boas ou más, positivas ou negativas continuam depois da morte e com maior intensidade muitas vezes.

Assim, Segismundo e Adelino, em uma vida passada ou em muitas vidas, teriam sido inimigos mortais, mas decidem pôr fim a esta situação, encarnando como filho e pai. Depois de toda uma vida ligados por laços de parentesco tão próximo, e de obrigações recíprocas, é muito provável que o ódio do passado tenha sido, pelo menos, diminuído.

Em segundo lugar, vamos ver uma outra passagem em que Jesus, aparentemente, fala com dureza de seus familiares.

> Chegaram então sua mãe e seus irmãos e, ficando do lado de fora, mandaram chamá-lo. Havia uma grande multidão cercada em torno dele. Disseram-lhe: eis que tua mãe e teus irmãos estão lá fora e te procuram. Ele perguntou: Quem é minha mãe e meus irmãos? E repassando com o olhar os que estavam em seu redor, disse: Eis a minha mãe e meus irmãos. Quem fizer a vontade de Deus, esse é meu irmão, irmã e mãe.[68]

68 Marcos III:31-35.

Quando falamos em família sempre associamos à ideia de laços de sangue ou de relações jurídicas e nos esquecemos da família espiritual. Em verdade, somos de uma mesma família não porque nascemos de um mesmo tronco biológico com a mesma carga genética, mas porque somos filhos de Deus. Jesus está falando exatamente disto, da família cósmica. Nesse sentido, nós não somos pais, mães, irmãos ou irmãs, mas estamos nessas condições por interesse de nossa própria evolução. Hoje pai de meu filho, amanhã filho de meu pai. A teoria das vidas sucessivas amplia os conceitos restritos da família consanguínea. Todos temos origem em Deus, simples e ignorantes e, através de encarnações, vamos avançando uns mais rapidamente, outros mais devagar.

A estrutura familiar é uma forma criada por Deus para que os espíritos se aproximem uns dos outros para o amor depois de se terem, em outras vidas, convivido de forma hostil ou mesmo odiosa. A família, segundo o espiritismo, possui uma dimensão muito maior do que aquela que lhe dá a sociologia ou a antropologia. A família é, portanto, o espaço dos reencontros e dos desencontros onde espíritos reciclam as suas emoções. Assim, Jesus, ao pronunciar as palavras que vimos há pouco, refere-se à verdadeira família isto é, a do espírito e não a que deriva dos laços de sangue.

Outro tema moralmente interessante é o da relação de Jesus com o sexo feminino. No tempo em que o Cristo viveu entre nós, a mulher israelita era extremamente discriminada.

> (...) A mulher israelita daquela época devia uma fidelidade irrestrita a seu marido, embora não pudesse exigir dele reciprocidade. Os motivos para que os

> homens dessem cartas de divórcio as suas mulheres eram os mais variados e, em muitos casos, chegavam a ser frívolos. As mulheres, porém, só muito raramente poderiam pedir divórcio. Em verdade, o lugar que a mulher ocupava na sociedade judaica era muito inferior ao do homem. Há uma sentença rabínica que diz que todo homem de bom-senso deveria agradecer a Deus por ser judeu e não gentio, rico e não proletariado e homem e não mulher. Nas refeições, as mulheres não comiam com os homens, mas ficavam de pé, servindo os homens à mesa. Ao saírem à rua, deveriam ficar, prudentemente, afastadas dos homens. Embora os judeus não possuíssem um gineceu para aprisionar suas mulheres, como faziam os gregos, as janelas das casas judaicas que davam para a rua eram gradeadas para que as mulheres não fossem vistas. Em tempos remotos, deviam sair à rua veladas, pois era imoral que mostrassem o rosto.[69]

Em geral, os israelitas de boa cepa não deveriam conversar com uma mulher em público. Há, no Evangelho de João, a famosa passagem da mulher samaritana que Jesus encontrou perto de um poço e com quem manteve uma conversa longa. Os apóstolos, que não estavam com ele, ao voltarem, encontraram seu mestre conversando com ela e tal fato os deixou chocados.

> Nisto vieram seus discípulos e maravilharam-se de que ele estivesse conversando com uma mulher, contudo, nenhum deles lhe disse Que perguntas? ou Por que falas com ela?

---

69 Leal. A maldição da mulher. P. 55.

Jesus rompeu com este tipo de moral e permitiu, inclusive que mulheres como Míriam de Magdala, Marta e Maria de Betânia, Salomé, mulher de Zebedeu entre outras privassem de seu convívio, na condição de discípulas. Impediu que uma mulher apanhada em adultério fosse apedrejada segundo a legislação mosaica; atendeu a mulher siro-fenícia; curou uma outra que sofria de um fluxo de sangue e, depois de sua ressurreição, apareceu primeiro para Madalena e não para os apóstolos.

Uma vez mais, a doutrina espírita pode explicar esse comportamento de Jesus. Segundo o espiritismo, o sexo é um acidente na vida espiritual e um espírito pode, em uma encarnação, assumir um corpo masculino e, em outra, um feminino. Jesus, sabendo disto, não vê, como a maioria dos judeus homens e mulheres, mas espíritos e assim, não possui o menor preconceito. Para ele o que conta é o esforço que cada um de nós faz na direção dos Mundos Maiores e não o nosso sexo.

Em um certo momento da trajetória de Jesus em nosso planeta, ele se encontra com um jovem rico, mas aparentemente interessado em sua salvação. Quer saber o que fazer para alcançar o Reino dos céus e Jesus lhe pergunta se ele cumpre todos os mandamentos, ao que ele responde que sim. Então Jesus lhe sugere que venda tudo o que possui, dê aos pobres o resultado da venda e o siga pois, assim terá um tesouro no céu. O rapaz, desanimado, vai embora, porque não conseguia se despojar dos bens materiais.

Aparentemente, Jesus tenha considerado a riqueza como um obstáculo à salvação individual. Em outras passagens de Jesus também se pode ter a mesma impressão. Há, porém, que se tirar o espírito da letra se quisermos compreender os ensinamentos evangélicas e nesse caso a doutrina dos espíritos é um valioso auxiliar.

Para se compreender bem passagens como essas, temos que entender o conceito espírita de prova. A palavra prova tem o sentido de avaliação, muito próximo ao de provas escolares por meio das quais o aluno segue para a série seguinte ou permanece estacionado na classe em que se encontra. Assim, o nascer pobre e o nascer rico são provas por que passamos.

Nascer rico ou nascer pobre implica duas perguntas. A primeira é: o que você vai fazer com seus bens materiais? A segunda é: como você vai fazer para progredir desprovido de recursos materiais? Assim, esses dois tipos de circunstâncias não excluem nem incluem o espírito no caminho da evolução, mas lhe dão oportunidades para testar-se perante essas situações.

Assim, quando Jesus coloca, como condição para o progresso espiritual, despojar-se dos bens materiais, não está dizendo que as pessoas devem dar tudo o que têm aos pobres, mas busca mostrar que o apego demasiado aos bens materiais pode ser um obstáculo ao progresso do espírito. Veja-se que Francisco de Assis passou por esta prova e a venceu, mas outros também passaram por ela e se perderam e se endividaram mais ainda perante a Lei de Deus. A fortuna e a pobreza, em si mesmas, nada significam. O que importa é o modo como o espírito passa por estas experiências.

Voltando, porém, ao caso do jovem rico, poderemos questionar se Jesus teria feito um teste com o rapaz para saber se ele era ou não capaz de ter um gesto largo de desapego e generosidade. A mim não me parece, já que Jesus o conhecia muito bem e, por certo, sabia o estado evolutivo em que ele se encontrava. O teste não era, pois, para que Jesus soubesse algo sobre o rapaz, mas para que o rapaz soubesse algo sobre si mesmo. Ele, muito senhor de si, mesmo arrogante, se aproxima de Jesus e diz que cumpria todos os ditames da lei de Deus. Mas, quando Jesus coloca a condição do despojamento, fica claro para ele que o seu apego aos bens da Terra era muito mais forte do que o seu desejo de alcançar o Reino de Deus.

Nós sabemos que a ética do Cristo tem como um de seus fundamentos a busca da virtude. O verdadeiro cristão é aquele que se esforça para se tornar um homem virtuoso. Mas em que consiste ser um homem virtuoso? Para responder a esta questão, deveríamos antes definir o que estamos chamando de virtude. Para isso, vamos nos valer da mensagem de um espírito que, em se comunicando em 1863, identificou-se como François-Nicolas-Madeleine.

> A virtude, no mais alto grau, é o conjunto de todas as qualidades essenciais que constituem o homem de bem. Ser bom, caritativo, laborioso, sóbrio, modesto são as qualidades do homem virtuoso. Infelizmente, quase sempre as acompanham pequenas enfermidades morais que as desonram e atenuam. Não é virtuoso aquele que faz ostentação da própria virtude, pois que lhe falta a qualidade principal: a modéstia e tem o vício que mais se lhe opõe: o orgulho.
>
> A virtude verdadeiramente digna desse nome, não gosta de estadear-se. Adivinham-na; ela, porém, se oculta na obscuridade e foge à admiração das massas. S. Vicente de Paula era virtuoso; eram virtuosos o digno cura D´Ars e muitos outros quase desconhecidos do mundo, mas conhecidos de Deus. Todos esses homens de bem ignoravam que eram virtuosos; deixavam-se ir ao sabor de suas santas inspirações e praticavam o bem com desinteresse completo e inteiro esquecimento de si mesmo.

> À virtude assim compreendida e praticada é que vos convido, meus filhos; a essa virtude verdadeiramente cristã e verdadeiramente espírita é que vos concito a consagrar-vos. Afastai, porém, de vossos corações tudo o que seja orgulho, vaidade, amor-próprio que sempre desadornam as mais belas qualidades. Não imiteis o homem que se apresenta como modelo e trombeteia, ele próprio, as suas qualidades a todos os ouvidos complacentes. A virtude que assim se ostenta esconde, muitas vezes, uma imensidade de pequenas torpezas e de odiosas covardias.
>
> Em princípio, o homem que se exalta, que ergue uma estátua à sua própria virtude, anula, por esse simples fato, todo mérito real que possa ter. Entretanto, que direi daquele cujo único valor consiste em parecer o que não é? Admito de boa mente que o homem que pratica o bem experimenta uma satisfação íntima em seu coração; mas desde que tal satisfação se exteriorize, para colher elogios, degenera em amor próprio.
>
> Ó vós todos a quem a fé espírita aqueceu com seus raios, e que sabeis quão longe da perfeição está o homem, jamais esbarreis em semelhante escolho. A virtude é uma graça que desejo a todos os espíritas sinceros. Contudo, dir-vos-ei: Mais vale pouca virtude com modéstia do que muita com orgulho. Pelo orgulho é que as humanidades, sucessivamente, se hão perdido; pela humildade é que um dia se hão de redimir.[70]

Como se pode ver, o espírito dá à humildade uma grande importância e, por oposição, condena, drasticamente, a

70 Kardec, *O Evangelho segundo o Espiritismo*.

vaidade e o orgulho. O homem vaidoso, inclusive das qualidades que não possui (embora pense possuir), engana a muitos e o que é mais grave, engana a si mesmo. Com isso, a vaidade se torna um dos maiores empecilhos ao progresso espiritual. O homem vaidoso, na sua falsa avaliação, passa a ver o outro como menor e inferior, indigno, portanto, de sua atenção, generosidade e amor. O homem vaidoso é um ser insensível, pois divide o mundo em duas partes: os que são os seus pares e os que estão abaixo. E esses últimos são inferiores para esses corações duros, não lhes merecendo, nem mesmo, um olhar compassivo.

À guisa de conclusão

A ESTA ALTURA pode-se perguntar qual seria a primeira preocupação moral do espírita sincero. A resposta nos é dada pelo próprio Allan Kardec ao dizer que se conhece o verdadeiro espírita por sua transformação moral e pelo esforço que faz neste sentido. Esta proposta é muito semelhante à metanoia (mudança do espírito) pregada por João, o Batista, nas margens do rio Jordão.

Como, porém, é possível se fazer reforma íntima? O que nos poderia ajudar para esta revolução do caráter? Em primeiro lugar, é necessário que haja uma insatisfação considerável. Se estamos satisfeitos com nossas vidas e nossos comportamentos, não poderemos operar mudanças. A insatisfação é, portanto, a raiz, o princípio e a causa de toda e qualquer transformação moral. Quando eu faço uma reflexão sobre a minha vida e descubro que ela possui falhas grandes ou pequenas e isso me incomoda, estou pronto a mudar.

A mudança, entretanto, não se faz apenas por causa da insatisfação, mas ela é o gatilho que a dispara. Assim, em segundo lugar, necessito de um instrumento de mudança, de uma nova programação, ou seja, de algo para colocar em lugar daquilo que me incomoda. Em sendo espírita, esse instrumento é a doutrina dos espíritos. Devo, em seguida, dedicar-me ao estudo desta doutrina que deverá reprogramar a minha conduta. Com isso, incluo na vida os valores do espiritismo que substituirão os ocupados anteriores.

Em terceiro lugar, vem a coragem moral que nos conduz à ação. Se um homem quer mudar e já possui um instrumento e acha que esse instrumento é o melhor para si, terá de ter coragem para agir de conformidade com a sua nova opção de vida. Sem a coragem moral, a transformação não passará de desejo.

Vamos supor que a pessoa tenha, de fato, coragem de fazer a mudança. Nesse caso, necessita de uma outra condição: a perseverança, para que a ação não seja temporária ou episódica. É preciso reforçar, sempre que for necessário, a nova convicção, para que ela passe a fazer parte da vida, em outras palavras, a perseverança internalizará a nossa disposição de ânimo.

A pessoa que cumprir todas essas etapas terá dado um passo decisivo no caminho da evolução, entretanto, este caminho é longo e difícil: A ruptura com o homem velho é o primeiro movimento para alguém se candidatar a, um dia, tornar-se um cidadão do Reino de Deus.

FIM

Apêndice

• Etimologia da palavra moral

Chama-se etimologia a parte dos estudos linguísticos que estuda a origem das palavras. Assim podemos dizer que o termo moral tem a sua origem no latim **mor-mores** que significa costume. Os gregos costumavam usar o termo ética, derivado de **ethos** que possui o mesmo sentido de **mores**. Assim, tomando por base a etimologia, costuma-se definir moral como ciência dos costumes ou do comportamento humano em sociedade.

• A questão normativa

Todas as vezes que um homem está perante uma situação em que deve escolher entre duas ou mais opções, precisa orientar a sua escolha de algum modo, isto é, precisa de uma regra ou de uma norma que paute a sua conduta e motive a sua ação. Exemplificando:

Um pai tudo fará para sustentar os seus filhos, embora haja a alternativa de não sustentá-los. Há, porém, uma norma moral que diz ser obrigação de o pai sustentar os filhos e será esta regra que o fará resistir à alternativa contrária.

• A consciência moral e a sua análise.

Quando observamos um fato moral com intuito de compreendê-lo, notamos que ele é formado de partes ou elementos, a saber: a consciência moral, a razão, os sentimentos e a vontade. Chamo consciência neste caso, a soma total das experiências morais de um indivíduo em um determinado momento. Também poderia ser chamada de eu-moral. Em segundo lugar, vem o elemento racional que se manifesta através de juízos gerais ou particulares que consideram a ação boa ou má para o sujeito que a pratica. A razão ainda é o que examina as vantagens e desvantagens de se praticar um determinado ato, o prejuízo que a ação possa causar a nós ou ao próximo e as vantagens ou desvantagens dele decorrentes. Todos esses múltiplos juízos envolvem noções outras como: a noção de certo e errado; de bem e de mal, de mérito ou demérito, de sansão; de direito e de justiça. Todos esses componentes devem ser considerados quando tratamos da participação do raciocínio no ato moral.

Vejamos agora a questão dos sentimentos. A palavra sentimento deriva do verbo sentir, ou seja, ato de registrar um determinado evento. E, de um certo modo, são sentimentos: pesar, gosto e desgosto, emoção, prazer e desprazer, raiva, medo etc. As nossas emoções são caracterizadas por respostas impulsivas que não passam pela reflexão e, por este motivo, muitas vezes, em nossa vida, a emoção se opõe fortemente à razão.

Vejamos, em sequência, a vontade. Em sentido estritamente moral, a vontade é aquilo que nos dispõe a agir de uma certa forma, obedecendo ao sentimento de obrigação ou dever, opondo-se, em geral, à paixão e ao desejo. Vejamos, em continuidade, um exemplo de como estas coisas se encontram encadeadas. Um homem está dirigindo o seu automóvel e é fechado por outro motorista. Nesse momento, ele pode ter a sensação de que foi desrespeitado, ofendido e humilhado. Se este sentimento não for trabalhado racionalmente, torna-se ira e, irado, decide (tem vontade) de ir atrás do homem que o ofendeu. Fora de si, (sem o domínio da razão), encontra o seu agressor e o mata. Passada a descarga de ira, ele pode cair em si (voltar a raciocinar) e ver a tolice que fez. Neste caso, surgem outros sentimentos como o remorso e a culpa.

Não se deve, porém, confundir a consciência psicológica com a consciência moral. A consciência psicológica é a estrutura que nos permite perceber o mundo ao nosso redor através dos sentidos. A consciência moral, por seu lado, não é uma simples apreensão do fenômeno, mas se comporta como um juiz que decide o que se deve fazer em cada caso. O que determina o que se deve fazer e orienta a direção da vontade é o ideário de moralidade que elegemos, ou seja, um conjunto de regras às quais o sujeito moral deve obedecer.

Imaginemos que um funcionário da limpeza de um aeroporto encontra uma bolsa recheada de dólares ou de euros. Está sozinho e ninguém mais participou do achado. Examina a bolsa e descobre um cartão com o nome e o endereço do proprietário. A visão da bolsa e do cartão é um fato psicológico. Mas, quando ele se pergunta sobre o que fazer do dinheiro: ficar com ele ou devolvê-lo, o fato deixa de ser apenas psicológico e transforma-se em um problema moral.

A consciência moral se lembra de uma regra básica que diz: Não devemos nos apropriar de algo que não seja nosso. Caso obedeça a esta regra, não terá dificuldade em devolver a bolsa ao dono. Podem, porém, nesse caso, interferir elementos de ordem emocional como: com este dinheiro posso comprar o carro dos meus sonhos; com esta quantia poderia pagar todas as minhas dívidas e dar entrada em uma casinha; quem sabe não foi Deus quem colocou este dinheiro em meu caminho? Quem perdeu este dinheiro era, por certo, um homem rico e dinheiro não lhe fará falta, mas para mim... Esses fatores emocionais podem fazer o homem não devolver o dinheiro, embora saiba que não está agindo com honestidade e que, portanto, ficar com o dinheiro, é uma ação moralmente condenável.

Em verdade, entretanto, a escolha da ação: ficar ou não ficar, vai depender do grau de internalização nele das regras morais. Se o sujeito teve uma educação moral eficiente, se aprendeu e apreendeu as normas morais, por certo o imperativo da honestidade vai prevalecer e o dinheiro será devolvido; caso contrário, o homem ficará com o dinheiro, embora com um grau maior ou menor de culpa.

• A lei moral é universal

A lei moral é universal e, por isso, é uma característica própria da espécie humana. Não se deve, entretanto, depreender desta afirmação que a espécie humana viva em conformidade com as leis gerais. O que se quer dizer é que, em todo o mundo e em todos os tempos, nas mais diversas culturas, mesmo entre os povos chamados primitivos, os homens admitiram a existência de leis morais diversas das leis materiais e tiveram a necessidade de se submeter às leis éticas para que pudessem ter uma vida verdadeiramente humana.

• O ato humano e o seu objeto

Régis Jolivet[71] faz uma distinção entre atos do homem e atos humanos. Ele classifica como atos do homem os fenômenos biológicos e fisiológicos que ele compartilha com os animais como digerir, respirar ou dormir. Essas partes são atos da natureza animal. Embora sejam atos volitivos, eles não estão livres inteiramente para realizá-los ou não. O ato moral, ao contrário, supõe necessariamente, a liberdade de escolha entre alternativas. Um homem pode parar de respirar por alguns segundos, mas apenas por alguns segundos, entretanto, um homem pode escolher ser honesto por toda a vida. Assim, pode-se dizer que os atos humanos são o objeto material da moral, enquanto a moralidade é o seu objeto formal.

As várias tentativas de definir a moral

• Moral como ciência do homem

Esta definição pertence ao pensador francês Blasé Pascal (1623-1662). Seu pecado está em sua extensão, pois também são ciências do homem a psicologia, a sociologia, a antropologia e a política. Ao que parece, pascal teria feito esta definição para distinguir a moral, ciência concreta por natureza, de ciências abstratas, como a matemática, por exemplo. Deste modo, ele quer dizer que, ao contrário da matemática, a moral trata das ações concretas dos homens no seu dia a dia. Pascal acreditava ainda que a moral não poderia jamais deixar de

71 Régis Jolivet. *Curso de filosofia*. Rio: Agir. 1956.

ser normativa, não só enquanto estabelece regras para ação mas também imperaria na atividade concreta de cada homem.

• Moral como ciência dos costumes

Emilie Durkheim (1858-1917) e Levy-Bruhl (1857-1939) definiram a moral como ciência dos costumes. Esta definição, contudo, não se encontra isenta de críticas. Em primeiro lugar, ela não é adequada porque parte da etimologia da palavra, priorizando assim, o objeto material. Definindo-se moral deste modo, estaríamos reduzindo-a a uma simples descrição positiva e sistemática dos costumes; em outras palavras, a moral cuida, não do fato em si, mas como deveria ser o fato. O fato em si é objeto da sociologia. Exemplifiquemos:

O casamento é um fato social em si mesmo, todavia, quando falamos do casamento por interesse, do casamento sem amor, penetramos no fato moral. A família também é um fato social, porém, quando abordamos as regras do funcionamento das famílias, os direitos e os deveres de seus membros, trocamos o social pelo moral. Comentando esta definição, escreve Jolivet:

> Todavia, há muito que objetar a esta fórmula (moral ciência dos costumes) que não basta para determinar o campo da moral. Muitas obrigações e prescrições de natureza social (moda, código de honra, de decência etc) propõem-se a formar e transformar os costumes sem ter que ver, diretamente, ao menos, com a moral. Tal é o amplo domínio da conduta humana que está na dependência da necessidade inconsciente e que é

dirigida pelo instinto, pela tradição ou pela adaptação espontânea ao meio social. Não existe moralidade propriamente dita senão à medida que a conduta se rege em função das noções de bem e de mal e é conduzida pela afetividade especificamente consequente. De algum modo, é necessário participar conscientemente de um ideal para ter costumes, ao passo que só existe moral possível com consciente e voluntária referência a um ideal de conduta. Por isso se pode falar de costumes de insetos (Fabre), porém, de moralidade, só se fala quando se trata de seres humanos.[72]

• Moral como ciência do comportamento humano

Foi Herbert Spencer (1820-1903) quem assim definiu a moral. Para ele, moral é a ciência do comportamento enquanto este possua, para nós, ou para nosso próximo, consequências boas ou más. A moral, assim definida, pode resvalar para técnicas utilitaristas, privadas do caráter normativo e, muito mais próximas das psicologias behavioristas, do que da verdadeira moral.

Até aqui, as definições vistas são inadequadas ou incompletas pela falta de inclusão do objeto formal no conceito. Tentando corrigir esta falha, Regis Jolivet define a moral do seguinte modo: *Moral é a ciência das leis ideais que regem a atividade livre do ser humano, ou ainda: Moral é a ciência que trata do emprego que o homem deve fazer de sua liberdade a fim de alcançar o fim último a que almeja.*[73]

72 Jolivet. Op. cit. p. 16.
73 Jolivet. Op. cit. p. 17.

- A natureza da moral
- A moral como ciência

- Do empirismo moral

Este capítulo se abre com uma pergunta: seria a moral parte do equipamento instintivo dos seres humanos, sustentada pela tradição e reforçada pela experiência cotidiana? Alguns filósofos de primeira linha diriam sim a esta questão, defendendo a tese de que a moral não existe, ou pelo menos, não é um saber independente.

Jean Jacques Rousseau (1712-1778) reduzia a moral a uma escolha instintiva do sujeito entre o bem e o mal. Lamennais (1782-1854), por seu lado, afirmava que as regras morais nos são transmitidas pela tradição universal; por fim, o psicólogo americano William James (1843-1916) explicava que o homem era capaz de criar sua consciência moral por meio da experiência e de uma conduta conforme a verdade e o bem.

As posturas empiristas defendem um irracionalismo fundamental, à medida que não associam necessariamente a razão ao ato moral. Os empiristas mais radicais, como Rousseau e Lamennais afirmavam que não é possível racionalizar a moral sem destruí-la. Brunetiere (1849-1906) reforçando a tese de Rousseau, observa:

> Uma psicologia superficial pretende erigir a certeza científica e racional em tipo absoluto em detrimento da crença. Pensou-se em fundar-se a moral na razão e o que se conseguiu foi entregá-la

> ao ceticismo; porque é a crença, e não a razão, que nos faz sociáveis; é a crença e não a razão que nos persuade a abdicar de nossa pessoa em favor do bem comum; é a crença a base da pátria e seu funcionamento "místico" e não a razão. E a prova está em que se quiserdes abalar em seus fundamentos, a pátria, a família, não tereis senão que racionalizá-los.[74]

Em verdade, o empirismo moral possui limitações e não poucas. Não é possível negar, em nome do bom-senso, nem a consciência moral, nem a tradição e nem a experiência, entretanto, em nome deste mesmo bom-senso, não se pode aceitar que esta trilogia: consciência moral, tradição e experiência, seja suficiente para responder a todas as questões morais. Devemos, portanto, como uma alternativa saudável, admitir que a moral é uma ciência prática que aponta com toda a certeza para a racionalidade humana.

Já Sócrates advogava a racionalidade da moral de um modo que não nos deixa dúvidas. Em uma de suas obras mais interessantes, escreveu Henry Bérgson:

> Jamais a razão foi colocada tão alta. Pelo menos é o que nos impressiona à primeira vista. Olhemos, porém, mais de perto. Sócrates ensina porque o oráculo de Delfos falou. Ele recebeu a missão. É pobre e deve permanecer pobre. Deve misturar-se com o povo de modo que a sua linguagem se assemelha ao linguajar popular. Nunca escreverá para que o seu pensamento se comunique bem vivo, a certos espíritos que levarão

74 Lam. *Discours de Cambat*. Paris, 1908.

a outros. Insensível ao frio e à fome, não por ascetismo, mas por ter se libertado das necessidades e redimido o seu corpo. Um "demônio" que o acompanha, fala-lhe de dentro, sempre que uma advertência é necessária. Tem tanta fé nesse "signo demoníaco" que prefere morrer a não obedecê-lo. Recusa-se a se defender perante tribunal popular, antecipando-se à sua própria condenação, é que esse demônio interior lhe disse que dele se afastasse. Sua missão é de ordem religiosa e mística, no sentido em que hoje empregamos esses termos. Sua doutrina tão perfeitamente racional está suspensa a qualquer coisa que parece ultrapassar a razão pura.[75]

• Fundamento das leis morais

Aceitando-se que a ética seja racional, urge que se faça uma pergunta: O que se quer dizer com a afirmação de que a moral é uma ciência? Quer se dizer que a moral é um sistema baseado em conclusões certas, e fundadas em princípios universais, mas que não possuem o mesmo caráter das leis da natureza; porque a moral é uma ciência humana.

Admitindo-se, pois, que a moral é uma ciência, deve ter determinados princípios fundamentais em que se apoie. A moral possui duas características: a teoria e a prática. Esse duplo ponto de vista exige dois princípios metafísicos: a natureza humana e a obrigação moral.

O primeiro princípio pressupõe a existência de algo que se chama natureza humana. Naturalmente, se tal coi-

75 *Les DeusxSoucer de la Morale et de la religion*. P. 59-60

sa existe, a moral não pode ignorá-la uma vez que, se não se sabe o que é o ser humano, não se pode legislar sobre a sua conduta. Há, entretanto, aqui, uma dificuldade: as leis morais serão diferentes de acordo com o modo de ver a natureza humana. Se o homem for tomado como um simples animal desprovido de alma imortal, a moral terá um sentido, mas, se o homem for compreendido como um ser que possua uma alma imortal, a questão muda de figura.

Assim, haveria moral materialista e moral espiritualista que são bem diferentes, embora possam convergir na ideia de que a natureza humana tende a um bem comum. Dizia Pascal, com toda razão, que a verdadeira natureza humana, possui como bem maior a virtude, e nisto todos estão de acordo, materialistas e espiritualistas.

Examinemos, agora, o segundo fundamento: a obrigação moral. Se apenas definíssemos a natureza humana e mais nada, ficaríamos no terreno da mera especulação e, com isso a moral seria muito semelhante à psicologia. Deste modo, acredita-se que a moral deva ser prática, em outras palavras, a moral é uma atividade humana e o homem, enquanto sujeito dela, tem a obrigação de orientar todas as energias na direção do seu fim último.

Em verdade, a determinação do fim último está muito próxima da obrigação moral e do dever, pois existe uma íntima relação entre a natureza humana e a obrigação moral. Por certo, o homem que conhece o fim moral de sua vida tem o dever de perseguir este objetivo com todas as forças. Essa obrigação moral não é algo semelhante a um conselho ou uma sugestão sobre a vida, mas como algo essencial, um imperativo categórico para que possa realizar plenamente a sua natureza.

O homem que violenta a obrigação moral é uma espécie de aleijado ou deformado moralmente, um ser desviante e incompleto que passa pela vida sem ter vivido no melhor sentido desta palavra.

VOCÊ PRECISA CONHECER

Memórias do padre Germano
Amália Domingo Sóler (organizadora)
Romance mediúnico • 15,5x22,5 cm • 368 pp.

Inspirador e comovente, *Memórias do padre Germano* é o inestimável diário de um sacerdote que soube honrar sua missão na Terra, servindo, em nome de Deus, a todos aqueles que cruzaram seu caminho.

O cristianismo nos romances de Emmanuel
Donizete Pinheiro
Estudo • 15,5x22,5 cm • 320 pp.

Donizete Pinheiro reúne as informações de Emmanuel colhidas na espiritualidade e acrescidas de suas próprias experiências narradas em seus romances históricos, permitindo uma ampla compreensão das origens do cristianismo, bem como as lutas dos cristãos primitivos que garantiram a subsistência da Boa Nova até a chegada do espiritismo.

Chico Xavier - histórias e lições
Ricardo Orestes Forni
Relatos • 14x21 • 240 páginas

Repleta de lições e ensinamentos, a vida de Chico Xavier já foi contada e recontada por muitos autores.

A diferença, aqui, é a maneira de contar e o acréscimo de comentários de Ricardo Orestes Forni, colocando sua vivência e sua própria emoção em relação aos acontecimentos envolvendo a maior antena mediúnica já reencarnada na face da Terra.

VOCÊ PRECISA CONHECER

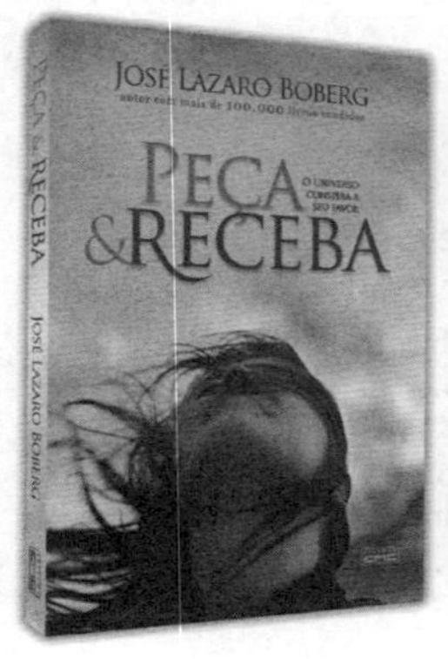

Peça e receba – o Universo conspira a seu favor

José Lázaro Boberg

Estudo • 16x22,5 cm • 248 pp.

José Lázaro Boberg reflete sobre a força do pensamento, com base nos estudos desenvolvidos pelos físicos quânticos, que trouxeram um volume extraordinário de ensinamentos a respeito da capacidade que cada ser tem de construir sua própria vida, amparando-se nas Leis do Universo.

Getúlio Vargas em dois mundos

Wanda A. Canutti • Eça de Queirós (espírito)

Romance mediúnico • 16x22,5 cm • 344 pp.

Getúlio Vargas realmente suicidou-se? Como foi sua recepção no mundo espiritual? Qual o conteúdo da nova carta à nação, escrita após sua desencarnação? Saiba as respostas para estas e outras perguntas, agora em uma nova edição, com nova capa, novo formato e novo projeto gráfico.

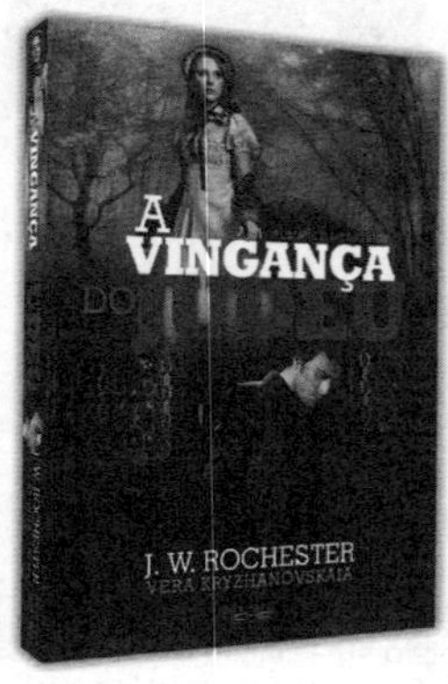

A vingança do judeu

Vera Kryzhanovskaia • J. W. Rochester (espírito)

Romance mediúnico • 16x22,5 cm • 424 pp.

O clássico romance de Rochester agora pela EME, com nova tradução, retrata em cativante história de amor e ódio, os terríveis fatos causados pelos preconceitos de raça, classe social e fortuna e mostra ao leitor a influência benéfica exercida pelo espiritismo sobre a sociedade.

Não encontrando os livros da **EME** na livraria de sua preferência,
solicite o endereço de nosso distribuidor mais próximo de você através de
Fones: (19) 3491-7000 / 3491-5449
(claro) 9 9317-2800 (vivo) 9 9983-2575
E-mail: vendas@editoraeme.com.br – Site: www.editoraeme.com.br